CHECHENO
VOCABULÁRIO

PALAVRAS MAIS ÚTEIS

PORTUGUÊS
CHECHENO

Para alargar o seu léxico e apurar
as suas competências linguísticas

5000 palavras

Vocabulário Português-Checheno - 5000 palavras
Por Andrey Taranov

Os vocabulários da T&P Books destinam-se a ajudar a aprender, a memorizar, e a rever palavras estrangeiras. O dicionário é dividido em temas, cobrindo todas as principais esferas de atividades quotidianas, negócios, ciência, cultura, etc.

O processo de aprendizagem, utilizando os dicionários baseados em temáticas da T&P Books dá-lhe as seguintes vantagens:

- Informação de origem corretamente agrupada predetermina o sucesso em fases subsequentes da memorização de palavras
- Disponibilização de palavras derivadas da mesma raiz, o que permite a memorização de unidades de texto (em vez de palavras separadas)
- Pequenas unidades de palavras facilitam o processo de estabelecimento de vínculos associativos necessários para a consolidação do vocabulário
- O nível de conhecimento da língua pode ser estimado pelo número de palavras aprendidas

Copyright © 2019 T&P Books Publishing

Todos os direitos reservados. Nenhuma parte desta publicação pode ser reproduzida, total ou parcialmente, por quaisquer métodos ou processos, sejam eles eletrónicos, mecânicos, de fotocópia ou outros, sem a autorização escrita do editor. Esta publicação não pode ser divulgada, copiada ou distribuída em nenhum formato.

T&P Books Publishing
www.tpbooks.com

ISBN: 978-1-78400-937-3

Este livro também está disponível em formato E-book.
Por favor visite www.tpbooks.com ou as principais livrarias on-line.

VOCABULÁRIO CHECHENO
palavras mais úteis

Os vocabulários da T&P Books destinam-se a ajudar a aprender, a memorizar, e a rever palavras estrangeiras. O vocabulário contém mais de 5000 palavras de uso comum organizadas tematicamente.

O vocabulário contém as palavras mais comummente usadas
Recomendado como adicional para qualquer curso de línguas
Satisfaz as necessidades dos iniciados e dos alunos avançados de línguas estrangeiras
Conveniente para o uso diário, sessões de revisão e atividades de auto-teste
Permite avaliar o seu vocabulário

Características especias do vocabulário

- As palavras estão organizadas de acordo com o seu significado, e não por ordem alfabética
- As palavras são apresentadas em três colunas para facilitar os processos de revisão e auto-teste
- As palavras compostas são divididas em pequenos blocos para facilitar o processo de aprendizagem
- O vocabulário oferece uma transcrição simples e adequada de cada palavra estrangeira

O vocabulário contém 155 tópicos incluindo:

Conceitos básicos, Números, Cores, Meses, Estações do ano, Unidades de medida, Roupas & Acessórios, Alimentos & Nutrição, Restaurante, Membros da Família, Parentes, Caráter, Sentimentos, Emoções, Doenças, Cidade, Passeios, Compras, Dinheiro, Casa, Lar, Escritório, Trabalho no Escritório, Importação & Exportação, Marketing, Pesquisa de Emprego, Desportos, Educação, Computador, Internet, Ferramentas, Natureza, Países, Nacionalidades e muito mais ...

TABELA DE CONTEÚDOS

Guia de pronunciação 9
Abreviaturas 11

CONCEITOS BÁSICOS 12
Conceitos básicos. Parte 1 12

1. Pronomes 12
2. Cumprimentos. Saudações. Despedidas 12
3. Como se dirigir a alguém 13
4. Números cardinais. Parte 1 13
5. Números cardinais. Parte 2 14
6. Números ordinais 15
7. Números. Frações 15
8. Números. Operações básicas 15
9. Números. Diversos 15
10. Os verbos mais importantes. Parte 1 16
11. Os verbos mais importantes. Parte 2 17
12. Os verbos mais importantes. Parte 3 18
13. Os verbos mais importantes. Parte 4 19
14. Cores 19
15. Questões 20
16. Preposições 21
17. Palavras funcionais. Advérbios. Parte 1 21
18. Palavras funcionais. Advérbios. Parte 2 23

Conceitos básicos. Parte 2 24

19. Dias da semana 24
20. Horas. Dia e noite 24
21. Meses. Estações 25
22. Unidades de medida 27
23. Recipientes 28

O SER HUMANO 29
O ser humano. O corpo 29

24. Cabeça 29
25. Corpo humano 30

Vestuário & Acessórios 31

26. Roupa exterior. Casacos 31
27. Vestuário de homem & mulher 31

28. Vestuário. Roupa interior	32
29. Adereços de cabeça	32
30. Calçado	32
31. Acessórios pessoais	33
32. Vestuário. Diversos	33
33. Cuidados pessoais. Cosméticos	34
34. Relógios de pulso. Relógios	35

Alimentação. Nutrição	**36**
35. Comida	36
36. Bebidas	37
37. Vegetais	38
38. Frutos. Nozes	39
39. Pão. Bolaria	40
40. Pratos cozinhados	40
41. Especiarias	41
42. Refeições	42
43. Por a mesa	42
44. Restaurante	43

Família, parentes e amigos	**44**
45. Informação pessoal. Formulários	44
46. Membros da família. Parentes	44

Medicina	**46**
47. Doenças	46
48. Sintomas. Tratamentos. Parte 1	47
49. Sintomas. Tratamentos. Parte 2	48
50. Sintomas. Tratamentos. Parte 3	49
51. Médicos	50
52. Medicina. Drogas. Acessórios	50

HABITAT HUMANO	**51**
Cidade	**51**
53. Cidade. Vida na cidade	51
54. Instituições urbanas	52
55. Sinais	53
56. Transportes urbanos	54
57. Turismo	55
58. Compras	56
59. Dinheiro	57
60. Correios. Serviço postal	58

Moradia. Casa. Lar	**59**
61. Casa. Eletricidade	59

62. Moradia. Mansão	59
63. Apartamento	59
64. Mobiliário. Interior	60
65. Quarto de dormir	61
66. Cozinha	61
67. Casa de banho	62
68. Eletrodomésticos	63

ATIVIDADES HUMANAS	**64**
Emprego. Negócios. Parte 1	**64**
69. Escritório. O trabalho no escritório	64
70. Processos negociais. Parte 1	65
71. Processos negociais. Parte 2	66
72. Produção. Trabalhos	67
73. Contrato. Acordo	68
74. Importação & Exportação	69
75. Finanças	69
76. Marketing	70
77. Publicidade	70
78. Banca	71
79. Telefone. Conversação telefónica	72
80. Telefone móvel	72
81. Estacionário	73
82. Tipos de negócios	73

Emprego. Negócios. Parte 2	**76**
83. Espetáculo. Feira	76
84. Ciência. Investigação. Cientistas	77

Profissões e ocupações	**78**
85. Procura de emprego. Demissão	78
86. Gente de negócios	78
87. Profissões de serviços	79
88. Profissões militares e postos	80
89. Oficiais. Padres	81
90. Profissões agrícolas	81
91. Profissões artísticas	82
92. Várias profissões	82
93. Ocupações. Estatuto social	84

Educação	**85**
94. Escola	85
95. Colégio. Universidade	86
96. Ciências. Disciplinas	86
97. Sistema de escrita. Ortografia	87
98. Línguas estrangeiras	88

Descanso. Entretenimento. Viagens	90
99. Viagens	90
100. Hotel	90

EQUIPAMENTO TÉCNICO. TRANSPORTES	92
Equipamento técnico. Transportes	92
101. Computador	92
102. Internet. E-mail	93
103. Eletricidade	94
104. Ferramentas	94

Transportes	97
105. Avião	97
106. Comboio	98
107. Barco	99
108. Aeroporto	100

Eventos	102
109. Férias. Evento	102
110. Funerais. Enterro	103
111. Guerra. Soldados	103
112. Guerra. Ações militares. Parte 1	104
113. Guerra. Ações militares. Parte 2	106
114. Armas	107
115. Povos da antiguidade	109
116. Idade média	109
117. Líder. Chefe. Autoridades	111
118. Viloação da lei. Criminosos. Parte 1	112
119. Viloação da lei. Criminosos. Parte 2	113
120. Polícia. Lei. Parte 1	114
121. Polícia. Lei. Parte 2	115

NATUREZA	117
A Terra. Parte 1	117
122. Espaço sideral	117
123. A Terra	118
124. Pontos cardeais	119
125. Mar. Oceano	119
126. Nomes de Mares e Oceanos	120
127. Montanhas	121
128. Nomes de montanhas	122
129. Rios	122
130. Nomes de rios	123
131. Floresta	123
132. Recursos naturais	124

A Terra. Parte 2 126

133. Tempo 126
134. Tempo extremo. Catástrofes naturais 127

Fauna 128

135. Mamíferos. Predadores 128
136. Animais selvagens 128
137. Animais domésticos 129
138. Pássaros 130
139. Peixes. Animais marinhos 132
140. Amfíbios. Répteis 132
141. Insetos 133

Flora 134

142. Árvores 134
143. Arbustos 134
144. Frutos. Bagas 135
145. Flores. Plantas 136
146. Cereais, grãos 137

PAÍSES. NACIONALIDADES 138

147. Europa Ocidental 138
148. Europa Central e de Leste 138
149. Países da ex-URSS 139
150. Asia 139
151. América do Norte 140
152. América Central do Sul 140
153. Africa 141
154. Austrália. Oceania 141
155. Cidades 141

GUIA DE PRONUNCIAÇÃO

Letra	Exemplo Checheno	Alfabeto fonético T&P	Exemplo Português
A a	самадала	[ɑ:]	rapaz
Аь аь	аьртадала	[æ:], [æ]	primavera
Б б	биллиард	[b]	barril
В в	ловзо кехат	[v]	fava
Г г	горгал	[g]	gosto
ГІ гІ	жиргІа	[ɣ]	agora
Д д	дІаала	[d]	dentista
Е е	кевнахо	[e], [ɛ]	mover
Ё ё	боксёр	[jɔ:], [ɜ:]	ioga
Ж ж	мужалтах	[ʒ]	talvez
З з	ловза	[z]	sésamo
И и	сирла	[ɪ], [i]	sinónimo
Й й	лийча	[j]	géiser
К к	секунд	[k]	kiwi
Кх кх	кхиорхо	[q]	teckel
Къ къ	юккъе	[q]	[q] tensionada
КІ кІ	кІайн	[k]	[k] tensionada
Л л	лаьстиг	[l]	libra
М м	Марша Іайла	[m]	magnólia
Н н	Хьанна?	[n]	natureza
О о	модельхо	[o], [ɔ]	noite
Оь оь	пхоьлгІа	[ø]	orgulhoso
П п	пхийтта	[p]	presente
ПІ пІ	пІераска	[p]	[p] tensionada
Р р	борзанан	[r]	riscar
С с	сандалеш	[s]	sanita
Т т	туьйдарг	[t]	tulipa
ТІ тІ	тІормиг	[t]	[t] tensionada
У у	тукар	[u:]	blusa
Уь уь	уьш	[y]	questionar
Ф ф	футбол	[f]	safári
Х х	хьехархо	[h]	[h] suave
Хь хь	дагахь	[ɦ], [x]	[h] suave
ХІ хІ	хІордахо	[h]	[h] aspirada
Ц ц	мацахлера	[ts]	tsé-tsé
ЦІ цІ	цІубдар	[ts]	tsé-tsé
Ч ч	лечкъо	[tʃ]	Tchau!
ЧІ чІ	чІорІа	[tɕ]	[tch] tensionado
Ш ш	шахматаш	[ʃ]	mês
Щ щ	цергийг щётка	[ɕ]	shiatsu
ъ	къонза	[ˀ]	sinal forte

Letra	Exemplo Checheno	Alfabeto fonético T&P	Exemplo Português
ы	лыжаш хехка	[ɪ]	sinónimo
ь	доьзал	[ʼ]	sinal suave
Э э	эшар	[e]	metal
Ю ю	юхадала	[y]	questionar
Юь юь	юьхьенца	[ju], [juː]	nacional
Я я	цIанъян	[jɑ]	Himalaias
Яь яь	яьшка	[jæ]	folheto
I I	Iамо	[ə]	milagre

ABREVIATURAS
usadas no vocabulário

Abreviaturas do Português

adj	-	adjetivo
adv	-	advérbio
anim.	-	animado
conj.	-	conjunção
desp.	-	desporto
etc.	-	etecetra
ex.	-	por exemplo
f	-	nome feminino
f pl	-	feminino plural
fem.	-	feminino
inanim.	-	inanimado
m	-	nome masculino
m pl	-	masculino plural
m, f	-	masculino, feminino
masc.	-	masculino
mat.	-	matemática
mil.	-	militar
pl	-	plural
prep.	-	preposição
pron.	-	pronome
sb.	-	sobre
sing.	-	singular
v aux	-	verbo auxiliar
vi	-	verbo intransitivo
vi, vt	-	verbo intransitivo, transitivo
vr	-	verbo reflexivo
vt	-	verbo transitivo

CONCEITOS BÁSICOS

Conceitos básicos. Parte 1

1. Pronomes

eu	со	[sɔ]
tu	хьо	[hɔ]
ele, ela	иза	[ɪz]
nós	вай	[vaj]
vocês	шу	[ʃu]
eles, elas	уьш	[ʉʃ]

2. Cumprimentos. Saudações. Despedidas

Olá!	Маршалла ду хьоьга!	[marʃall du høg]
Bom dia! (formal)	Маршалла ду шуьга!	[marʃall du ʃʉg]
Bom dia! (de manhã)	Iуьйре дика хуьлда!	[ˈujre dɪk hʉld]
Boa tarde!	Де дика хуьлда!	[de dɪk hʉld]
Boa noite!	Суьйре дика хуьлда!	[sʉjre dɪk hʉld]
cumprimentar (vt)	салам дала	[salam dal]
Olá!	Маршалла ду хьоьга!	[marʃall du høg]
saudação (f)	маршалла, маршалла хаттар	[marʃall], [marʃall hattar]
saudar (vt)	маршалла хатта	[marʃall hatt]
Como vai?	Муха ду гӀуллакхш?	[muha du ɣullaqʃ]
O que há de novo?	ХӀун ду керла?	[hˈun du kerl]
Até à vista!	Марша Ӏайла!	[marʃ ˈajl]
Até breve!	Ӏодика хуьлда!	[ˈɔdɪk hʉljd]
Adeus! (sing.)	Ӏодика йойла хьа!	[ˈɔdɪk jojl ha]
Adeus! (pl)	Ӏодика йойла шунна!	[ˈɔdɪk jojl ʃunn]
despedir-se (vr)	Ӏодика ян	[ˈɔdɪk jan]
Até logo!	Ӏодика йойла!	[ˈɔdɪk jojl]
Obrigado! -a!	Баркалла!	[barkall]
Muito obrigado! -a!	Доаккха баркалла!	[dɔakq barkall]
De nada	ХӀума дац!	[hˈum dats]
Não tem de quê	ХӀума дац!	[hˈum dats]
De nada	ХӀума дац!	[hˈum dats]
Desculpa!	Бехк ма билл!	[behk ma bɪll]
Desculpe!	Бехк ма биллалаш!	[behk ma bɪllalaʃ]
desculpar (vt)	бехк ца билла	[behk tsa bɪll]
desculpar-se (vr)	бехк цабиллар деха	[behk tsabɪllar deh]

As minhas desculpas	Суна бехк ма биллалаш!	[sun behk m bɪllalaʃ]
Desculpe!	Бехк ма биллаш!	[behk ma bɪllaʃ]
perdoar (vt)	бехк цабиллар	[behk tsabɪllar]
Não se esqueça!	Диц ма ло!	[dɪts ma lɔ]
Certamente! Claro!	Дера!	[der]
Claro que não!	Дера дац!	[der dats]
Está bem! De acordo!	Реза ву!	[rez vu]
Basta!	Тоьур ду!	[tøur du]

3. Como se dirigir a alguém

senhor	Эла	[ɛl]
senhora	Сту	[stu]
rapariga	Йоl	[joʕ]
rapaz	Жима стаг	[ʒɪm stag]
menino	Кlант	[k'ant]
menina	Жима йоl	[ʒɪm joʕ]

4. Números cardinais. Parte 1

zero	ноль	[nɔlj]
um	цхьаъ	[tshaʔ]
dois	шиъ	[ʃɪʔ]
três	кхоъ	[qɔʔ]
quatro	диъ	[dɪʔ]
cinco	пхиъ	[phɪʔ]
seis	ялх	[jalh]
sete	ворхl	[vɔrh']
oito	бархl	[barh']
nove	исс	[ɪss]
dez	итт	[ɪtt]
onze	цхьайтта	[tshajtt]
doze	шийтта	[ʃɪːtt]
treze	кхойтта	[qɔjtt]
catorze	дейтта	[dejtt]
quinze	пхийтта	[phɪːtt]
dezasseis	ялхитта	[jalhɪtt]
dezassete	вуьрхlитта	[vʉrh'ɪtt]
dezoito	берхlитта	[berh'ɪtt]
dezanove	ткъесна	[tqʔesn]
vinte	ткъа	[tqʔa]
vinte e um	ткъе цхьаъ	[tqʔe tshaʔ]
vinte e dois	ткъе шиъ	[tqʔe ʃɪ]
vinte e três	ткъе кхоъ	[tqʔe qɔ]
trinta	ткъе итт	[tqʔe ɪtt]
trinta e um	ткхе цхьайтта	[tqe tshajtt]

trinta e dois	ткъе шийтта	[tqʔe ʃɪːtt]
trinta e três	ткъе кхойтта	[tqʔe qɔjtt]
quarenta	шовзткъа	[ʃɔvztqʔ]
quarenta e um	шовзткъе цхьаъ	[ʃɔvztqʔe tshɑʔ]
quarenta e dois	шовзткъе шиъ	[ʃɔvztqʔe ʃɪ]
quarenta e três	шовзткъе кхоъ	[ʃɔvztqʔe qɔ]
cinquenta	шовзткъе итт	[ʃɔvztqʔe ɪtt]
cinquenta e um	шовзткъе цхьайтта	[ʃɔvztqʔe tshajtt]
cinquenta e dois	шовзткъе шийтта	[ʃɔvztqʔe ʃɪːtt]
cinquenta e três	шовзткъе кхойтта	[ʃɔvztqʔe qɔjtt]
sessenta	кхузткъа	[quztqʔ]
sessenta e um	кхузткъе цхьаъ	[quztqʔe tshɑʔ]
sessenta e dois	кхузткъе шиъ	[quztqʔe ʃɪʔ]
sessenta e três	кхузткъе кхоъ	[quztqʔe qɔʔ]
setenta	кхузткъа итт	[quztqʔ ɪtt]
setenta e um	кхузткъе цхьайтта	[quztqʔe tshajtt]
setenta e dois	кхузткъе шийтта	[quztqʔe ʃɪːtt]
setenta e três	кхузткъе кхойтта	[quztqʔe qɔjtt]
oitenta	дезткъа	[deztqʔ]
oitenta e um	дезткъе цхьаъ	[deztqʔe tshɑʔ]
oitenta e dois	дезткъе шиъ	[deztqʔe ʃɪ]
oitenta e três	дезткъе кхоъ	[deztqʔe qɔ]
noventa	дезткъа итт	[deztqʔ ɪtt]
noventa e um	дезткъе цхьайтта	[deztqʔe tshajtt]
noventa e dois	дезткъе шийтта	[deztqʔe ʃɪːtt]
noventa e três	дезткъе кхойтта	[deztqʔe qɔjtt]

5. Números cardinais. Parte 2

cem	бӀе	[bʼe]
duzentos	ши бӀе	[ʃɪ bʼe]
trezentos	кхо бӀе	[qɔ bʼe]
quatrocentos	диъ бӀе	[dɪʔ bʼe]
quinhentos	пхи бӀе	[phɪ bʼe]
seiscentos	ялх бӀе	[jalh bʼe]
setecentos	ворхӀ бӀе	[vɔrhʼ bʼe]
oitocentos	бархӀ бӀе	[barhʼ bʼe]
novecentos	исс бӀе	[ɪss bʼe]
mil	эзар	[ɛzar]
dois mil	ши эзар	[ʃɪ ɛzar]
De quem são ...?	кхо эзар	[qɔ ɛzar]
dez mil	итт эзар	[ɪtt ɛzar]
cem mil	бӀе эзар	[bʼe ˈɛzar]
um milhão	миллион	[mɪllɪɔn]
mil milhões	миллиард	[mɪllɪard]

6. Números ordinais

primeiro	хьалхара	[halhar]
segundo	шолгӏа	[ʃɔlɣ]
terceiro	кхоалгӏа	[qɔalɣ]
quarto	доьалгӏа	[dø'alɣ]
quinto	пхоьлгӏа	[phølɣ]
sexto	йолхалгӏа	[jolhalɣ]
sétimo	ворхӏалгӏа	[vɔrh'alɣ]
oitavo	бархӏалгӏа	[barh'alɣ]
nono	уьссалгӏа	[ʉssalɣ]
décimo	итталгӏа	[ɪttalɣ]

7. Números. Frações

fração (f)	дакъалла	[daqʔall]
um meio	шоалгӏачун цхьаъ	[ʃɔalɣatʃun tshaʔ]
um terço	кхоалгӏачун цхьаъ	[qɔalɣatʃun tshaʔ]
um quarto	доьалгӏачун цхьаъ	[dø'alɣatʃun tshaʔ]
um oitavo	бархӏалгӏачун цхьаъ	[barh'alɣatʃun tshaʔ]
um décimo	итталгӏачун цхьаъ	[ɪttalɣatʃun tshaʔ]
dois terços	кхоалгӏачун шиъ	[qɔalɣatʃun ʃɪʔ]
três quartos	доьалгӏачун кхоъ	[dø'alɣatʃun qoʔ]

8. Números. Operações básicas

subtração (f)	тӏерадаккхар	[t'eradakqar]
subtrair (vi, vt)	тӏерадаккха	[t'eradakq]
divisão (f)	декъар	[deqʔar]
dividir (vt)	декъа	[deqʔ]
adição (f)	вовшахтохар	[vɔvʃahtɔhar]
somar (vt)	вовшахтоха	[vɔvʃahtɔh]
adicionar (vt)	тӏетоха	[t'etɔh]
multiplicação (f)	эцар	[ɛtsar]
multiplicar (vt)	эца	[ɛts]

9. Números. Diversos

algarismo, dígito (m)	цифра	[tsɪfr]
número (m)	терахь	[terah]
numeral (m)	терахьдош	[terahdɔʃ]
menos (m)	минус	[mɪnus]
mais (m)	тӏетоха	[t'etɔh]
fórmula (f)	формула	[fɔrmul]
cálculo (m)	ларар	[larar]
contar (vt)	лара	[lar]

calcular (vt)	лара	[lar]
comparar (vt)	дуста	[dust]
Quanto?	Мел?	[mel]
Quantos? -as?	Маса?	[mas]
soma (f)	жамӏ	[ʒamʼ]
resultado (m)	хилам	[hɪlam]
resto (m)	бухадиснарг	[buhadɪsnarg]
alguns, algumas ...	масех	[maseh]
um pouco de ...	кӏезиг	[kʼezɪg]
resto (m)	бухадиснарг	[buhadɪsnarg]
um e meio	цхьаъ ах	[tsha? ʼah]
dúzia (f)	цӏов	[tsʼɔv]
ao meio	шин декъе	[ʃɪn deq?e]
em partes iguais	цхьабосса	[tshabɔss]
metade (f)	ах	[ah]
vez (f)	цкъа	[tsq?a]

10. Os verbos mais importantes. Parte 1

abrir (vt)	схьаделла	[shadell]
acabar, terminar (vt)	чекхдаккха	[tʃeqdakq]
aconselhar (vt)	хьехам бан	[heham ban]
adivinhar (vt)	хаа	[haʼa]
advertir (vt)	дӏахьедан	[dʼahedan]
ajudar (vt)	гӏо дан	[ɣɔ dan]
almoçar (vi)	делкъана хӏума яа	[delq?an hʼum jaʼa]
alugar (~ um apartamento)	лаца	[lats]
amar (vt)	деза	[dez]
ameaçar (vt)	кхерам тийса	[qeram tɪːs]
anotar (escrever)	дӏаяздан	[dʼajazdan]
apanhar (vt)	леца	[lets]
apressar-se (vr)	сихдала	[sɪhdal]
arrepender-se (vr)	дагахьбаллам хила	[dagahballam hɪl]
assinar (vt)	куьг таӏо	[kɥg taʼɔ]
atirar, disparar (vi)	кхийса	[qɪːs]
brincar (vi)	забарш ян	[zabarʃ jan]
brincar, jogar (crianças)	ловза	[lovz]
buscar (vt)	леха	[leh]
caçar (vi)	талла эха	[tall ɛh]
cair (vi)	охьаэга	[ɔhaəg]
cavar (vt)	ахка	[ahk]
cessar (vt)	дӏасацо	[dʼasatsɔ]
chamar (~ por socorro)	кхайкха	[qajq]
chegar (vi)	дан	[dan]
chorar (vi)	делха	[delh]
começar (vt)	доло	[dɔlɔ]

comparar (vt)	дуста	[dust]
compreender (vt)	кхета	[qet]
concordar (vi)	реза хила	[rez hɪl]
confiar (vt)	теша	[teʃ]
confundir (equivocar-se)	тило	[tɪlɔ]
conhecer (vt)	довза	[dɔvz]
contar (fazer contas)	лара	[lar]
contar com (esperar)	дагахь хила	[dagah hɪl]
continuar (vt)	дахдан	[dahdan]
controlar (vt)	тӏехьажа	[tʼehaʒ]
convidar (vt)	схьакхайкха	[shaqajq]
correr (vi)	дада	[dad]
criar (vt)	кхолла	[qɔll]
custar (vt)	деха	[deh]

11. Os verbos mais importantes. Parte 2

dar (vt)	дала	[dal]
dar uma dica	къедо	[qʔedɔ]
decorar (enfeitar)	хаздан	[hazdan]
defender (vt)	лардан	[lardan]
deixar cair (vt)	охьаэго	[ɔhaegɔ]
descer (para baixo)	охьадан	[ɔhadan]
desculpar-se (vr)	бехк цабиллар деха	[behk tsabɪllar deh]
dirigir (~ uma empresa)	куьйгаллэ дан	[kʉjgallz dan]
discutir (notícias, etc.)	дийцаре дилла	[dɪːtsare dɪll]
dizer (vt)	ала	[al]
duvidar (vt)	шекьхила	[ʃəkʲhɪl]
encontrar (achar)	каро	[karɔ]
enganar (vt)	Iexo	[ˈeho]
entrar (na sala, etc.)	чудахар	[tʃudahar]
enviar (uma carta)	дӏадахьийта	[dʼadahɪːt]
errar (equivocar-se)	гӏалатдала	[ɣalatdal]
escolher (vt)	харжар	[harʒar]
esconder (vt)	дӏадилла	[dʼadɪll]
escrever (vt)	яздан	[jazdan]
esperar (o autocarro, etc.)	хьежа	[heʒ]
esperar (ter esperança)	догдаха	[dɔgdah]
esquecer (vt)	дицдала	[dɪtsdal]
estudar (vt)	Iamo	[ˈamɔ]
exigir (vt)	тӏедожо	[tʼedɔʒɔ]
existir (vi)	хила	[hɪl]
explicar (vt)	кхето	[qetɔ]
falar (vi)	мотт бийца	[mɔtt bɪːts]
faltar (clases, etc.)	юкъахдита	[juqʔahdɪt]
fazer (vt)	дан	[dan]
ficar em silêncio	къамел ца дан	[qʔamel ts dan]

gabar-se, jactar-se (vr)	куралла ян	[kurall jan]
gritar (vi)	мохь бетта	[mɔh bett]
guardar (cartas, etc.)	лардан	[lardan]
informar (vt)	информаци ян, хаам бан	[ɪnfɔrmatsɪ jan], [ha'am ban]
insistir (vi)	тӀера ца вала	[t'er tsa val]
insultar (vt)	сий дайа	[sɪː daj]
interessar-se (vr)	довза лаа	[dɔvz la'a]
ir (a pé)	даха	[dah]
ir nadar	лийча	[lɪːtʃ]
jantar (vi)	пхьор дан	[phɔr dan]

12. Os verbos mais importantes. Parte 3

ler (vt)	еша	[eʃ]
libertar (cidade, etc.)	мукъадаккха	[muqʔadakq]
matar (vt)	ден	[den]
mencionar (vt)	хьахо	[haho]
mostrar (vt)	гайта	[gajt]
mudar (modificar)	хийца	[hɪːts]
nadar (vi)	нека дан	[nek dan]
negar-se a …	дуьхьал хила	[duhal hɪl]
objetar (vt)	дуьхьал хила	[duhal hɪl]
observar (vt)	тергам бан	[tergam ban]
ordenar (mil.)	омра дан	[ɔmr dan]
ouvir (vt)	хаза	[haz]
pagar (vt)	ахча дала	[ahtʃ dal]
parar (vi)	саца	[sats]
participar (vi)	дакъа лаца	[daqʔ lats]
pedir (comida)	заказ ян	[zakaz jan]
pedir (um favor, etc.)	деха	[deh]
pegar (tomar)	схьаэца	[shaəts]
pensar (vt)	ойла ян	[ɔjl jan]
perceber (ver)	ган	[gan]
perdoar (vt)	геч дан	[getʃ dan]
perguntar (vt)	хатта	[hatt]
permitir (vt)	магийта	[magɪːt]
pertencer a …	хила	[hɪl]
planear (vt)	план хӀотто	[plan h'ɔttɔ]
poder (vi)	мага	[mag]
possuir (vt)	хила	[hɪl]
preferir (vt)	гӀоли хета	[ɣɔlɪ het]
preparar (vt)	кечдан	[ketʃdan]
prever (vt)	хиндерг хаа	[hɪnderg ha'a]
prometer (vt)	вал̇а дан	[va'd dan]
pronunciar (vt)	ала	[al]
propor (vt)	хьахо	[haho]
punir (castigar)	тӀазар дан	[ta'zar dan]

13. Os verbos mais importantes. Parte 4

quebrar (vt)	кегдан	[kegdan]
queixar-se (vr)	латкъа	[latqʔ]
querer (desejar)	лаа	[laʼa]
recomendar (vt)	мага дан	[mag dan]
repetir (dizer outra vez)	юхаала	[juhaʼal]
repreender (vt)	дов дан	[dɔv dan]
reservar (~ um quarto)	резервировать ян	[rezerwɪrɔvatʲ jan]
responder (vt)	жоп дала	[ʒɔp dal]
rezar, orar (vi)	ламаз дан	[lamaz dan]
rir (vi)	дела	[del]
roubar (vt)	лечкъо	[letʃqʔɔ]
saber (vt)	хаа	[haʼa]
sair (~ de casa)	арадалар	[aradalar]
salvar (vt)	кlелхьардаккха	[kʼelhardakq]
seguir ...	тlаьхьадаха	[tʼæhadah]
sentar-se (vr)	охьахаа	[ɔhahaʼa]
ser necessário	оьшуш хила	[øʃuʃ hɪl]
ser, estar	хила	[hɪl]
significar (vt)	маьlна хила	[mæʼn hɪl]
sorrir (vi)	дела къежа	[del qʔeʒ]
surpreender-se (vr)	цецдала	[tsetsdal]
tentar (vt)	хьажа	[haʒ]
ter (vt)	хила	[hɪl]
ter fome	хlума яаа лаа	[hʼum jaʼa laʼa]
ter medo	кхера	[qer]
ter sede	мала лаа	[mal laʼa]
tocar (com as mãos)	куьг тоха	[kʉg tɔh]
tomar o pequeno-almoço	марта даа	[mart daʼa]
trabalhar (vi)	болх бан	[bɔlh ban]
traduzir (vt)	талмажалла дан	[talmaʒall dan]
unir (vt)	цхьанатоха	[tshænatɔh]
vender (vt)	дохка	[dɔhk]
ver (vt)	ган	[gan]
virar (ex. ~ à direita)	дlадерза	[dʼaderz]
voar (vi)	лела	[lel]

14. Cores

cor (f)	бос	[bɔs]
matiz (m)	амат	[amat]
tom (m)	бос	[bɔs]
arco-íris (m)	стелаlад	[stelaʼad]
branco	кlайн	[kʼajn]
preto	lаьржа	[ˈærʒ]

cinzento	сира	[sɪr]
verde	баьццара	[bætsɑr]
amarelo	можа	[mɔʒ]
vermelho	цӏен	[ʦ'en]
azul	сийна	[sɪːn]
azul claro	сийна	[sɪːn]
rosa	сирла-цӏен	[sɪrl ʦ'en]
laranja	цӏехо-можа	[ʦ'eho mɔʒ]
violeta	цӏехо-сийна	[ʦ'eho sɪːn]
castanho	боьмаша	[bømɑʃ]
dourado	дашо	[dɑʃɔ]
prateado	детиха	[detɪh]
bege	бежеви	[beʒewɪ]
creme	беда-можа	[bed mɔʒ]
turquesa	бирюзан бос	[bɪrʉzɑn bɔs]
vermelho cereja	баьллийн бос	[bællɪːn bɔs]
lilás	сирла-сийна	[sɪrl sɪːn]
carmesim	камарийн бос	[kɑmɑrɪːn bɔs]
claro	сирла	[sɪrl]
escuro	ӏаьржа	['ærʒ]
vivo	къегина	[qʔegɪn]
de cor	бесара	[besɑr]
a cores	бос болу	[bɔs bɔlu]
preto e branco	кӏайн-ӏаьржа	[k'ɑjn 'ærʒ]
unicolor	цхьана бесара	[ʦhɑn besɑr]
multicor	бес-бесара	[bes besɑr]

15. Questões

Quem?	Мила?	[mɪl]
Que?	Хӏун?	[h'un]
Onde?	Мичахь?	[mɪʧah]
Para onde?	Мича?	[mɪʧ]
De onde?	Мичара?	[mɪʧɑr]
Quando?	Маца?	[mɑʦ]
Para quê?	Стенна?	[stenn]
Porquê?	Хӏунда?	[h'und]
Para quê?	Стенан?	[stenɑn]
Como?	Муха?	[muhɑ]
Qual?	Муьлха?	[mʉlhɑ]
Qual? (entre dois ou mais)	Масалгӏа?	[mɑsalɣ]
A quem?	Хьанна?	[hɑnn]
Sobre quem?	Хьанах лаьцна?	[hɑnah læʦn]
Do quê?	Стенах лаьцна?	[stenɑh læʦn]
Com quem?	Хьаьнца?	[hænʦ]
Quantos? -as?	Маса?	[mɑs]
Quanto?	Мел?	[mel]
De quem? (masc.)	Хьенан?	[henɑn]

16. Preposições

com (prep.)	цхьан	[tshan]
sem (prep.)	доцуш	[dɔtsuʃ]
a, para (exprime lugar)	чу	[tʃu]
antes de ...	хьалха	[halh]
diante de ...	хьалха	[halh]
sob (debaixo de)	кӏел	[k'el]
sobre (em cima de)	тӏехула	[t'ehul]
sobre (~ a mesa)	тӏехь	[t'eh]
dentro de (~ dez minutos)	даьлча	[dæltʃ]
por cima de ...	хула	[hul]

17. Palavras funcionais. Advérbios. Parte 1

Onde?	Мичахь?	[mɪtʃah]
aqui	хьоккхузахь	[hɔkquzah]
lá, ali	цигахь	[tsɪgah]
em algum lugar	цхьанхьа-м	[tshanha m]
em lugar nenhum	цхьаннахьа а	[tshannah a]
ao pé de ...	уллехь	[ulleh]
ao pé da janela	кора уллехь	[kɔr ulleh]
Para onde?	Мича?	[mɪtʃ]
para cá	кхузахь	[quzah]
para lá	цига	[tsɪg]
daqui	хӏоккхузара	[h'ɔkquzar]
de lá, dali	цигара	[tsɪgar]
perto	герга	[gerg]
longe	гена	[gen]
perto de ...	улло	[ullɔ]
ao lado de	юххе	[juhe]
perto, não fica longe	гена доцу	[gen dɔtsu]
esquerdo	аьрру	[ærru]
à esquerda	аьрру аӏорхьара	[ærru aɣɔrhar]
para esquerda	аьрру аӏор	[ærru aɣɔr]
direito	аьтту	[ættu]
à direita	аьтту аӏорхьара	[ættu aɣɔrhar]
para direita	аьтту аӏор	[ættu aɣɔr]
à frente	хьалха	[halh]
da frente	хьалхара	[halhar]
em frente (para a frente)	хьалха	[halh]
atrás de ...	тӏехьа	[t'eh]
por detrás (vir ~)	тӏаьхьа	[t'æh]

para trás	юхо	[juho]
meio (m), metade (f)	юкъ	[juqʔ]
no meio	юккъе	[jukqʔe]

de lado	arlop	['aɣɔr]
em todo lugar	массанхьа	[massanh]
ao redor (olhar ~)	гонаха	[gɔnah]

de dentro	чухула	[tʃuhul]
para algum lugar	цхьанхьа	[tshanh]
diretamente	нийсса дIа	[nɪːss d'a]
de volta	юха	[juh]

| de algum lugar | миччара а | [mɪtʃar a] |
| de um lugar | цхьанхьара | [tshanhar] |

em primeiro lugar	цкъа-делахь	[tsqʔa delah]
em segundo lugar	шолгIа-делахь	[ʃɔlɣ delah]
em terceiro lugar	кхоалгIа-делахь	[qɔalɣ delah]

de repente	цIеххьана	[ts'ehan]
no início	юьхьенца	[juhents]
pela primeira vez	дуьххьара	[dʉhar]
muito antes de ...	хьалххе	[halhe]
de novo, novamente	юха	[juh]
para sempre	гуттаренна	[guttarenn]

nunca	цкъа а	[tsqʔa 'a]
de novo	кхин цкъа а	[qɪn tsqʔ]
agora	хIинца	[h'ɪnts]
frequentemente	кест-кеста	[kest kest]
então	хIетахь	[h'etah]
urgentemente	чехка	[tʃehk]
usualmente	нехан санна	[nehan sann]

a propósito, ...	шен метта	[ʃen mett]
é possível	тарлун ду	[tarlun du]
provavelmente	хила мегаш хила	[hɪl megaʃ hɪl]
talvez	хила мега	[hɪl meg]
além disso, ...	цул совнаха, ...	[tsul sɔvnaha]
por isso ...	цундела	[tsundel]
apesar de ...	делахь а ...	[delah a ...]
graças a ...	бахьана долуш ...	[bahan dɔluʃ]

que (pron.)	хIун	[h'un]
que (conj.)	а	['a]
algo	цхьаъ-м	[tshaʔ m]
alguma coisa	цхьа хIума	[tsha hum]
nada	хIумма а дац	[h'umm a dats]

quem	мила	[mɪl]
alguém (~ teve uma ideia ...)	цхьаъ	[tshaʔ]
alguém	цхьаъ	[tshaʔ]

| ninguém | цхьа а | [tsha a] |
| para lugar nenhum | цхьанххьа а | [tshanh a] |

de ninguém	цхьаьннан а	[tshænnan a]
de alguém	цхьаьннан	[tshænnan]
tão	иштта	[ɪʃtt]
também (gostaria ~ de …)	санна	[sann]
também (~ eu)	а	['a]

18. Palavras funcionais. Advérbios. Parte 2

Porquê?	ХIунда?	[h'und]
por alguma razão	цхьанна-м	[tshanna m]
porque …	цундела	[tsundel]
por qualquer razão	цхьана хIуманна	[tshan humann]
e (tu ~ eu)	а-а	[ə- ə]
ou (ser ~ não ser)	я	[ja]
mas (porém)	амма	[amm]
demasiado, muito	дукха	[duq]
só, somente	бен	[ben]
exatamente	нийсса	[nɪ:ss]
cerca de (~ 10 kg)	герга	[gerg]
aproximadamente	герггарчу хьесапехь	[gerggartʃu hesapeh]
aproximado	герггарчу хьесапера	[gerggartʃu hesaper]
quase	гергга	[gergg]
resto (m)	бухадиснарг	[buhadɪsnarg]
cada	хIоп	[h'ɔr]
qualquer	муьлхха а	[mʉlha]
muito	дукха	[duq]
muitas pessoas	дуккха а	[dukq a]
todos	дерриг	[derrɪg]
em troca de …	цхьана … хийцина	[tshan hɪ:tsɪn]
em troca	метта	[mett]
à mão	куьйга	[kʉjg]
pouco provável	те	[te]
provavelmente	схьахетарехь	[shahetareh]
de propósito	хуъушехь	[hyʔuʃəh]
por acidente	ларамаза	[laramaz]
muito	чIоарла	[tʃ'ɔ'aɣ]
por exemplo	масала	[masal]
entre	юккъехь	[jukqʔeh]
entre (no meio de)	юккъехь	[jukqʔeh]
especialmente	къасттина	[qʔasttɪn]

Conceitos básicos. Parte 2

19. Dias da semana

segunda-feira (f)	оршот	[ɔrʃɔt]
terça-feira (f)	шинара	[ʃɪnɑr]
quarta-feira (f)	кхаара	[qɑ'ɑr]
quinta-feira (f)	еара	[ear]
sexta-feira (f)	пlераска	[p'erɑsk]
sábado (m)	шот	[ʃɔt]
domingo (m)	кlиранде	[k'ɪrɑnde]
hoje	тахана	[tɑhɑn]
amanhã	кхана	[qɑn]
depois de amanhã	лама	[lɑm]
ontem	селхана	[selhɑn]
anteontem	стомара	[stɔmɑr]
dia (m)	де	[de]
dia (m) de trabalho	белхан де	[belhɑn de]
feriado (m)	деза де	[dez de]
dia (m) de folga	мукъа де	[muqʔ de]
fim (m) de semana	мукъа денош	[muqʔ denɔʃ]
o dia todo	деррига де	[derrɪg de]
no dia seguinte	шолгlачу дийнахь	[ʃɔlɣɑtʃu dɪːnɑh]
há dois dias	ши де хьалха	[ʃɪ de hɑlh]
na véspera	де хьалха	[de hɑlh]
diário	хlор денна хуьлу	[h'ɔr denn hʉlu]
todos os dias	хlор денна хуьлу	[h'ɔr denn hʉlu]
semana (f)	кlира	[k'ɪr]
na semana passada	дlадаханчу кlирнахь	[d'ɑdɑhɑntʃu k'ɪrnɑh]
na próxima semana	тlедоьlуччу кlирнахь	[t'edɔɣutʃu k'ɪrnɑh]
semanal	хlор кlиранан	[h'ɔr k'ɪrɑnɑn]
cada semana	хlор кlирна	[h'ɔr k'ɪrn]
duas vezes por semana	кlирнахь шозза	[k'ɪrnɑh ʃɔzz]
cada terça-feira	хlор шинара	[h'ɔr ʃɪnɑr]

20. Horas. Dia e noite

manhã (f)	lуьйре	['ʉjre]
de manhã	lуьйранна	['ʉjrɑnn]
meio-dia (m)	делкъе	[delqʔe]
à tarde	делкъан тlаьхьа	[delqʔɑn t'æh]
noite (f)	суьйре	[sʉjre]
à noite (noitinha)	сарахь	[sɑrɑh]

noite (f)	буьса	[bɥs]
à noite	буса	[bus]
meia-noite (f)	буьйсанан юкъ	[bɥjsanan juqʔ]

segundo (m)	секунд	[sekund]
minuto (m)	минот	[mɪnɔt]
hora (f)	сахьт	[saht]
meia hora (f)	ахсахьт	[ahsaht]
quarto (m) de hora	сахьтах пхийтта	[sahtah phɪːtt]
quinze minutos	15 минот	[phɪːtt mɪnɔt]
vinte e quatro horas	де-буьйса	[de bɥjs]

nascer (m) do sol	малх схьакхетар	[malh shaqetar]
amanhecer (m)	сатасар	[satasar]
madrugada (f)	Iуьйранна хьалххехь	[ˈɥjrann halheh]
pôr do sol (m)	чубузар	[tʃubuzar]

de madrugada	Iуьйранна хьалххе	[ˈɥjrann halhe]
hoje de manhã	тахан Iуьйранна	[tahan ˈɥjrann]
amanhã de manhã	кхана Iуьйранна	[qan ˈɥjrann]

hoje à tarde	тахана дийнахь	[tahan dɪːnah]
à tarde	делкъан тIаьхьа	[delqʔan tˈæh]
amanhã à tarde	кхана делкъан тIаьхьа	[qan delqʔan tˈæh]

hoje à noite	тахана суьйранна	[tahan sɥjrann]
amanhã à noite	кхана суьйранна	[qan sɥjrann]

às três horas em ponto	нийсса кхоъ сахьт даьлча	[nɪːss qøʔ saht dæltʃ]
por volta das quatro	диъ сахьт гергга	[dɪʔ saht gergg]
às doze	шийтта сахьт долаж	[ʃɪːtt saht dɔlaʒ]

dentro de vinte minutos	ткъа минот яьлча	[tqʔ mɪnɔt jæltʃ]
dentro duma hora	цхьа сахьт даьлча	[tsha saht dæltʃ]
a tempo	шен хеннахь	[ʃən hennah]

menos um quarto	сахьтах пхийтта яьлча	[sahtah phɪːtt jæltʃ]
durante uma hora	сахьт даллалц	[saht dallalts]
a cada quinze minutos	хIор пхийтта минот	[hˈɔr phɪːtt mɪnɔt]
as vinte e quatro horas	дуьззина де-буьйса	[dɥzzɪn de bɥjs]

21. Meses. Estações

janeiro (m)	январь	[janvarʲ]
fevereiro (m)	февраль	[fevralj]
março (m)	март	[mart]
abril (m)	апрель	[aprelj]
maio (m)	май	[maj]
junho (m)	июнь	[ɪjunj]

julho (m)	июль	[ɪɥlj]
agosto (m)	август	[avgust]
setembro (m)	сентябрь	[sentʲabrʲ]
outubro (m)	октябрь	[ɔktʲabrʲ]

| novembro (m) | ноябрь | [nɔjabrʲ] |
| dezembro (m) | декабрь | [dekabrʲ] |

primavera (f)	бӏаьсте	[bʼæste]
na primavera	бӏаьста	[bʼæst]
primaveril	бӏаьстенан	[bʼæstenan]

verão (m)	аьхке	[æhke]
no verão	аьхка	[æhk]
de verão	аьхкенан	[æhkenan]

outono (m)	гуьйре	[gᵿjre]
no outono	гурахь	[gurah]
outonal	гуьйренан	[gᵿjrenan]

inverno (m)	ӏа	[ʼa]
no inverno	ӏай	[ʼaj]
de inverno	ӏаьнан	[ʼænan]

mês (m)	бутт	[butt]
este mês	кху баттахь	[qu battah]
no próximo mês	тӏебоӷӏу баттахь	[tʼeboɣu battah]
no mês passado	байна баттахь	[bajn battah]

há um mês	цхьа бутт хьалха	[tsha butt halh]
dentro de um mês	цхьа бутт баьлча	[tsha butt bæltʃ]
dentro de dois meses	ши бутт баьлча	[ʃɪ butt bæltʃ]
todo o mês	беррига бутт	[berrɪg butt]
um mês inteiro	дийнна бутт	[dɪːnn butt]

mensal	хӏор беттан	[hʼɔr bettan]
mensalmente	хӏор баттахь	[hʼɔr battah]
cada mês	хӏор бутт	[hʼɔr butt]
duas vezes por mês	баттахь 2	[battah ʃɔzz]

ano (m)	шо	[ʃɔ]
este ano	кхушара	[quʃar]
no próximo ano	тӏедоӷӏучу шарахь	[tʼedoɣutʃu ʃarah]
no ano passado	стохка	[stɔhk]

há um ano	шо хьалха	[ʃɔ halh]
dentro dum ano	шо даьлча	[ʃɔ dæltʃ]
dentro de 2 anos	ши шо даьлча	[ʃɪ ʃɔ dæltʃ]
todo o ano	деррига шо	[derrɪg ʃɔ]
um ano inteiro	дийнна шо	[dɪːnn ʃɔ]

cada ano	хӏор шо	[hʼɔr ʃɔ]
anual	хӏор шеран	[hʼɔr ʃeran]
anualmente	хӏор шарахь	[hʼɔr ʃarah]
quatro vezes por ano	шарахь 4	[ʃarah døazz]

data (~ de hoje)	де	[de]
data (ex. ~ de nascimento)	терахь	[terah]
calendário (m)	календарь	[kalendarʲ]
meio ano	ахшо	[ahʃɔ]
seis meses	ахшо	[ahʃɔ]

estação (f)	зам	[zam]
século (m)	оьмар	[ømar]

22. Unidades de medida

peso (m)	дозалла	[dɔzall]
comprimento (m)	йохалла	[johall]
largura (f)	шоралла	[ʃɔrall]
altura (f)	лакхалла	[laqall]
profundidade (f)	кIоргалла	[k'ɔrgall]
volume (m)	дукхалла	[duqall]
área (f)	майда	[majd]
grama (m)	грамм	[gramm]
miligrama (m)	миллиграмм	[mɪlɪgramm]
quilograma (m)	килограмм	[kɪlɔgramm]
tonelada (f)	тонна	[tɔn]
libra (453,6 gramas)	герка	[gerk]
onça (f)	унци	[untsɪ]
metro (m)	метр	[metr]
milímetro (m)	миллиметр	[mɪlɪmetr]
centímetro (m)	сантиметр	[santɪmetr]
quilómetro (m)	километр	[kɪlɔmetr]
milha (f)	миля	[mɪlj]
polegada (f)	дюйм	[dɥjm]
pé (304,74 mm)	фут	[fut]
jarda (914,383 mm)	ярд	[jard]
metro (m) quadrado	квадратни метр	[kvadratnɪ metr]
hectare (m)	гектар	[gektar]
litro (m)	литр	[lɪtr]
grau (m)	градус	[gradus]
volt (m)	вольт	[vɔljt]
ampere (m)	ампер	[amper]
cavalo-vapor (m)	говран ницкъ	[gɔvran nɪtsqʔ]
quantidade (f)	дукхалла	[duqall]
um pouco de ...	кIезиг	[k'ezɪg]
metade (f)	ах	[ah]
dúzia (f)	цIов	[ts'ɔv]
peça (f)	цхьаъ	[tshaʔ]
dimensão (f)	барам	[baram]
escala (f)	масштаб	[masʃtab]
mínimo	уггар кIезиг	[uggar k'ezɪg]
menor, mais pequeno	уггара кIезигаха долу	[uggar k'ezɪgaha dɔlu]
médio	юккъера	[jukqʔer]
máximo	уггар дукха	[uggar duq]
maior, mais grande	уггара дукхаха долу	[uggar duqaha dɔlu]

23. Recipientes

boião (m) de vidro	банка	[bɑnk]
lata (~ de cerveja)	банка	[bɑnk]
balde (m)	ведар	[wedɑr]
barril (m)	боьшка	[bøʃk]
bacia (~ de plástico)	тас	[tɑs]
tanque (m)	бак	[bak]
cantil (m) de bolso	фляжк	[fljɑʒk]
bidão (m) de gasolina	канистр	[kɑnɪstr]
cisterna (f)	цистерна	[tsɪstern]
caneca (f)	кружка	[kruʒk]
chávena (f)	кад	[kɑd]
pires (m)	бошхап	[bɔʃhap]
copo (m)	стака	[stɑk]
taça (f) de vinho	кад	[kɑd]
panela, caçarola (f)	яй	[jɑj]
garrafa (f)	шиша	[ʃɪʃ]
gargalo (m)	бертиг	[bertɪg]
jarro, garrafa (f)	сурийла	[surɪːl]
jarro (m) de barro	кӏудал	[k'udɑl]
recipiente (m)	пхьеrla	[pheɣ]
pote (m)	кхаба	[qɑb]
vaso (m)	ваза	[vɑz]
frasco (~ de perfume)	флакон	[flakɔn]
frasquinho (ex. ~ de iodo)	шиша	[ʃɪʃ]
tubo (~ de pasta dentífrica)	тюбик	[tʉbɪk]
saca (ex. ~ de açúcar)	гали	[gɑlɪ]
saco (~ de plástico)	пакет	[pɑket]
maço (m)	ботт	[bɔtt]
caixa (~ de sapatos, etc.)	гӏутакх	[ɣutɑq]
caixa (~ de madeira)	яьшка	[jæʃk]
cesta (f)	тускар	[tuskɑr]

O SER HUMANO

O ser humano. O corpo

24. Cabeça

cabeça (f)	корта	[kɔrt]
cara (f)	юьхь	[juh]
nariz (m)	мара	[mɑr]
boca (f)	бага	[bɑg]
olho (m)	бIаьрг	[bʼærg]
olhos (m pl)	бIаьргаш	[bʼærgɑʃ]
pupila (f)	йолбIаьрг	[joˈbʼærg]
sobrancelha (f)	цIоцкъам	[tsʼɔtsqʔam]
pestana (f)	бIарган негIарийн чоьш	[bʼɑrgɑn neɣɑrɪːn tʃøʃ]
pálpebra (f)	бIаьрганерлап	[bʼærgɑneɣɑr]
língua (f)	мотт	[mɔtt]
dente (m)	церг	[tserg]
lábios (m pl)	балдаш	[bɑldɑʃ]
maçãs (f pl) do rosto	бIаьрадаьлахкаш	[bʼæradæˈɑhkɑʃ]
gengiva (f)	доьлаш	[døløʃ]
palato (m)	стигал	[stɪgɑl]
narinas (f pl)	меран Iуьргаш	[meran ˈʉrgɑʃ]
queixo (m)	чIениг	[tʃʼenɪg]
mandíbula (f)	мочхал	[mɔtʃhɑl]
bochecha (f)	бесни	[besnɪ]
testa (f)	хьаж	[haʒ]
têmpora (f)	лергаюх	[lergɑjuh]
orelha (f)	лерг	[lerg]
nuca (f)	кIесаркIаг	[kʼesɑrkʼɑg]
pescoço (m)	ворта	[vɔrt]
garganta (f)	къамкъарг	[qʔamqʔarg]
cabelos (m pl)	месаш	[mesɑʃ]
penteado (m)	тойина месаш	[tojɪn mesɑʃ]
corte (m) de cabelo	месаш дIахедор	[mesɑʃ dʼɑhedɔr]
peruca (f)	парик	[pɑrɪk]
bigode (m)	мекхаш	[meqɑʃ]
barba (f)	маж	[maʒ]
usar, ter (~ barba, etc.)	лело	[lelɔ]
trança (f)	кIажар	[kʼaʒar]
suíças (f pl)	бакенбардаш	[bakenbardɑʃ]
ruivo	хьаьрса	[hærsɑ]
grisalho	къоьжа	[qʔøʒ]

calvo	кlунзал	[k'unzal]
calva (f)	кlунзал	[k'unzal]
rabo-de-cavalo (m)	цlога	[ts'ɔg]
franja (f)	кlужал	[k'uʒal]

25. Corpo humano

mão (f)	тlара	[t'ar]
braço (m)	куьйг	[kʉjg]
dedo (m)	пlелг	[p'elg]
polegar (m)	нана пlелг	[nan p'elg]
dedo (m) mindinho	цlаза-пlелг	[ts'az p'elg]
unha (f)	мlара	[m'ar]
punho (m)	буй	[buj]
palma (f) da mão	кераюкъ	[kerajuqʔ]
pulso (m)	куьйган хьакхолг	[kʉjgan haqɔlg]
antebraço (m)	пхьарс	[phars]
cotovelo (m)	гола	[gɔl]
ombro (m)	белш	[belʃ]
perna (f)	ког	[kɔg]
pé (m)	коган кlело	[kɔgan k'elɔ]
joelho (m)	гола	[gɔl]
barriga (f) da perna	пхьид	[phɪd]
anca (f)	варе	[vare]
calcanhar (m)	кlажа	[k'aʒ]
corpo (m)	дегl	[deɣ]
barriga (f)	гай	[gaj]
peito (m)	наккха	[naq]
seio (m)	наккха	[naq]
lado (m)	агlо	['aɣɔ]
costas (f pl)	букъ	[buqʔ]
região (f) lombar	хоттарш	[hottarʃ]
cintura (f)	гlодаюкъ	[ɣɔdajuqʔ]
umbigo (m)	цlонга	[ts'ɔng]
nádegas (f pl)	хенан маьlиг	[henan mæ'ɪg]
traseiro (m)	тlехье	[t'ehe]
sinal (m)	кlеда	[k'ed]
sinal (m) de nascença	минга	[mɪng]
tatuagem (f)	дагар	[dagar]
cicatriz (f)	мо	[mɔ]

Vestuário & Acessórios

26. Roupa exterior. Casacos

roupa (f)	бедар	[bedar]
roupa (f) exterior	тӀехула юху бедар	[t'ehul juhu bedar]
roupa (f) de inverno	Іаьнан барзакъ	['ænan barzaq?]
sobretudo (m)	пальто	[paljtɔ]
casaco (m) de peles	кетар	[ketar]
casaco curto (m) de peles	йоца кетар	[jots ketar]
casaco (m) acolchoado	месийн гоь	[mesɪːn gø]
casaco, blusão (m)	куртка	[kurtk]
impermeável (m)	плащ	[plaɕ]
impermeável	хи чекх ца долу	[hɪ tɕeq tsa dɔlu]

27. Vestuário de homem & mulher

camisa (f)	коч	[kɔtʃ]
calças (f pl)	хеча	[hetʃ]
calças (f pl) de ganga	джинсаш	[dʒɪnsaʃ]
casaco (m) de fato	пиджак	[pɪdʒak]
fato (m)	костюм	[kɔstʉm]
vestido (ex. ~ vermelho)	бедар	[bedar]
saia (f)	юпка	[jupk]
blusa (f)	блузка	[bluzk]
casaco (m) de malha	кофта	[kɔft]
casaco, blazer (m)	жакет	[ʒaket]
T-shirt, camiseta (f)	футболк	[futbɔlk]
calções (Bermudas, etc.)	шорташ	[ʃɔrtaʃ]
fato (m) de treino	спортан костюм	[spɔrtan kɔstʉm]
roupão (m) de banho	оба	[ɔb]
pijama (m)	пижама	[pɪʒam]
suéter (m)	свитер	[swɪter]
pulôver (m)	пуловер	[pulɔwer]
colete (m)	жилет	[ʒɪlet]
fraque (m)	фрак	[frak]
smoking (m)	смокинг	[smɔkɪŋ]
uniforme (m)	форма	[fɔrm]
roupa (f) de trabalho	белхан бедар	[belhan bedar]
fato-macaco (m)	комбинезон	[kɔmbɪnezɔn]
bata (~ branca, etc.)	оба	[ɔb]

28. Vestuário. Roupa interior

roupa (f) interior	чухулаюху хIуманаш	[tʃuhulajuhu h'umanaʃ]
camisola (f) interior	майка	[majk]
peúgas (f pl)	пазаташ	[pazataʃ]
camisa (f) de noite	вуьжуш юху коч	[vʉʒuʃ juhu kɔtʃ]
sutiã (m)	бюстгалтер	[bʉstgalter]
meias longas (f pl)	пазаташ	[pazataʃ]
meia-calça (f)	колготкаш	[kɔlgɔtkaʃ]
meias (f pl)	пазаташ	[pazataʃ]
fato (m) de banho	луьйчушъюхург	[lʉjtʃuʃʔʉhurg]

29. Adereços de cabeça

chapéu (m)	куй	[kuj]
chapéu (m) de feltro	шляпа	[ʃljap]
boné (m) de beisebol	бейсболк	[bejsbɔlk]
boné (m)	кепка	[kepk]
boina (f)	берет	[beret]
capuz (m)	бошлакх	[bɔʃlaq]
panamá (m)	панамка	[panamk]
gorro (m) de malha	юьйцина куй	[jujtsɪn kuj]
lenço (m)	йовлакх	[jovlaq]
chapéu (m) de mulher	шляпин цуьрг	[ʃljapɪn tsʉrg]
capacete (m) de proteção	каска	[kask]
bibico (m)	пилотка	[pɪlɔtk]
capacete (m)	гIем	[ɣem]
chapéu-coco (m)	яй	[jaj]
chapéu (m) alto	цилиндр	[tsɪlɪndr]

30. Calçado

calçado (m)	мача	[matʃ]
botinas (f pl)	батенкаш	[batenkaʃ]
sapatos (de salto alto, etc.)	туфлеш	[tufleʃ]
botas (f pl)	эткаш	[ɛtkaʃ]
pantufas (f pl)	кIархаш	[k'arhaʃ]
ténis (m pl)	красовкаш	[krasɔvkaʃ]
sapatilhas (f pl)	кеди	[kedɪ]
sandálias (f pl)	сандалеш	[sandaleʃ]
sapateiro (m)	эткийн пхьар	[ɛtkɪːn phar]
salto (m)	кIажа	[k'aʒ]
par (m)	шиъ	[ʃɪʔ]
atacador (m)	чимчаргIа	[tʃɪmtʃarɣ]

apertar os atacadores	чимчаргIа дIадехка	[tʃɪmtʃarɣ d'adehk]
calçadeira (f)	лайг	['ajg]
graxa (f) para calçado	мачийн крем	[matʃiːn krem]

31. Acessórios pessoais

luvas (f pl)	карнаш	[karnaʃ]
mitenes (f pl)	каранаш	[karanaʃ]
cachecol (m)	шарф	[ʃarf]
óculos (m pl)	куьзганаш	[kʉzganaʃ]
armação (f) de óculos	куьзганийн гура	[kʉzganɪːn gur]
guarda-chuva (m)	зонтик	[zontɪk]
bengala (f)	Іасалг	['asalg]
escova (f) para o cabelo	щётка	[ɕotk]
leque (m)	мохтухург	[mɔhtuhurg]
gravata (f)	галстук	[galstuk]
gravata-borboleta (f)	галстук-бабочка	[galstuk babɔtʃk]
suspensórios (m pl)	доьхкарш	[døhkarʃ]
lenço (m)	мерах хьокху йовлакх	[merah hɔqu jovlaq]
pente (m)	ехк	[ehk]
travessão (m)	маха	[mah]
gancho (m) de cabelo	мIара	[m'ar]
fivela (f)	кIега	[k'eg]
cinto (m)	доьхка	[døhk]
correia (f)	бухка	[buhk]
mala (f)	тIормиг	[t'ɔrmɪg]
mala (f) de senhora	тIормиг	[t'ɔrmɪg]
mochila (f)	рюкзак	[rʉkzak]

32. Vestuário. Diversos

moda (f)	мода	[mɔd]
na moda	модехь долу	[mɔdeh dɔlu]
estilista (m)	модельхо	[mɔdeljho]
colarinho (m), gola (f)	кач	[katʃ]
bolso (m)	киса	[kɪs]
de bolso	кисанан	[kɪsanan]
manga (f)	пхьош	[phɔʃ]
alcinha (f)	лалам	[lalam]
braguilha (f)	ширинка	[ʃɪrɪnk]
fecho (m) de correr	доглa	[dɔɣ]
fecho (m), colchete (m)	туьйдарг	[tʉjdarg]
botão (m)	нуьйда	[nʉjd]
casa (f) de botão	туьйдарг	[tʉjdarg]
soltar-se (vr)	дIадала	[d'adal]

coser, costurar (vi)	тега	[teg]
bordar (vt)	дага	[dag]
bordado (m)	дагар	[dagar]
agulha (f)	маха	[mah]
fio (m)	тай	[taj]
costura (f)	эвна	[ɛvn]
sujar-se (vr)	бехдала	[behdal]
mancha (f)	таммагІа	[tammaɣ]
engelhar-se (vr)	хьерча	[hertʃ]
rasgar (vt)	датІо	[dat'ɔ]
traça (f)	неца	[nets]

33. Cuidados pessoais. Cosméticos

pasta (f) de dentes	цергийн паста	[tsergɪːn past]
escova (f) de dentes	цергийг щётка	[tsergɪːg ɕʲotk]
escovar os dentes	цергаш цІанъян	[tsergaʃ ts'an?jan]
máquina (f) de barbear	урс	[urs]
creme (m) de barbear	маж йошуш хьокху крем	[maʒ joʃuʃ hɔqu krem]
barbear-se (vr)	даша	[daʃ]
sabonete (m)	саба	[sab]
champô (m)	шампунь	[ʃampunj]
tesoura (f)	тукар	[tukar]
lima (f) de unhas	ков	[kɔv]
corta-unhas (m)	маІраш йоху морзах	[ma'raʃ johu mɔrzah]
pinça (f)	пинцет	[pɪntset]
cosméticos (m pl)	косметика	[kɔsmetɪk]
máscara (f) facial	маска	[mask]
manicura (f)	маникюр	[manɪkʉr]
fazer a manicura	маникюр ян	[manɪkʉr jan]
pedicure (f)	педикюр	[pedɪkʉr]
mala (f) de maquilhagem	косметичка	[kɔsmetɪtʃk]
pó (m)	пудра	[pudr]
caixa (f) de pó	пудрадухкург	[pudraduhkurg]
blush (m)	цІен басарш	[ts'en basarʃ]
perfume (m)	духІи	[duh'ɪ]
água (f) de toilette	туалетан хи	[tualetan hɪ]
loção (f)	лосьон	[lɔsʲɔn]
água-de-colónia (f)	ІатІар	['at'ar]
sombra (f) de olhos	тенеш	[teneʃ]
lápis (m) delineador	бІаргах хьокху къолам	[b'argah hɔqu q?ɔlam]
máscara (f), rímel (m)	тушь	[tuʃ]
batom (m)	балдех хьокху хьакхар	[baldeh hɔqu haqar]
verniz (m) de unhas	маІрат хьокху лак	[ma'rat hɔqu lak]
laca (f) para cabelos	месашт хьокху лак	[mesaʃt hɔqu lak]

desodorizante (m)	дезодарант	[dezɔdarant]
creme (m)	крем	[krem]
creme (m) de rosto	юьхьах хьокху крем	[juhah hɔqu krem]
creme (m) de mãos	куьйгах хьокху крем	[kujgah hɔqu krem]
creme (m) antirrugas	хершнаш дуьхьал крем	[herʃnaʃ dʉhal krem]
de dia	дийнан	[dɪːnan]
da noite	буьйсанан	[bujsanan]
tampão (m)	тампон	[tampɔn]
papel (m) higiénico	хьашталган кехат	[haʃtaɣan kehat]
secador (m) elétrico	месашъякъорг	[mesaʃʰjaqʔɔrg]

34. Relógios de pulso. Relógios

relógio (m) de pulso	пхьаьрсах доьхку сахьт	[phærsah døhku saht]
mostrador (m)	циферблат	[tsɪferblat]
ponteiro (m)	сахьтан цамза	[sahtan tsamz]
bracelete (f) em aço	сахьтан хӀоз	[sahtan h'ɔz]
bracelete (f) em couro	ремешок	[remeʃɔk]
pilha (f)	батарейка	[batarejk]
descarregar-se	охьахаа	[ɔhaha'a]
trocar a pilha	хийца	[hɪːts]
estar adiantado	сихадала	[sɪhadal]
estar atrasado	тӀехь лела	[t'eh lel]
relógio (m) de parede	пенах уллу сахьт	[penah ullu saht]
ampulheta (f)	гӀамаран сахьт	[ɣamaran saht]
relógio (m) de sol	маьлхан сахьт	[mælhan saht]
despertador (m)	сомавоккху сахьт	[sɔmavɔkqu saht]
relojoeiro (m)	сахьтийн пхьар	[sahtɪːn phar]
reparar (vt)	тадан	[tadan]

Alimentação. Nutrição

35. Comida

carne (f)	жижиг	[ʒɪʒɪg]
galinha (f)	котам	[kɔtam]
frango (m)	кӏорни	[k'ɔrnɪ]
pato (m)	бад	[bad]
ganso (m)	гӏаз	[ɣaz]
caça (f)	экха	[ɛq]
peru (m)	москал-котам	[mɔskal kɔtam]
carne (f) de porco	хьакхин жижиг	[haqɪn ʒɪʒɪg]
carne (f) de vitela	эсан жижиг	[ɛsan ʒɪʒɪg]
carne (f) de carneiro	уьстагӏан жижиг	[ʉstaɣan ʒɪʒɪg]
carne (f) de vaca	бежанан жижиг	[beʒanan ʒɪʒɪg]
carne (f) de coelho	пхьагал	[phagal]
chouriço, salsichão (m)	марш	[marʃ]
salsicha (f)	йоьхь	[jøh]
bacon (m)	бекон	[bekɔn]
fiambre (f)	дакъийна хьакхин жижиг	[daqʔiːn haqɪn ʒɪʒɪg]
presunto (m)	хьакхин гӏогӏ	[haqɪn ɣɔɣ]
patê (m)	паштет	[paʃtet]
fígado (m)	долах	[dɔ'ah]
carne (f) moída	аьхьана жижиг	[æhan ʒɪʒɪg]
língua (f)	мотт	[mɔtt]
ovo (m)	хӏоа	[h'ɔ'a]
ovos (m pl)	хӏоаш	[h'ɔ'aʃ]
clara (f) do ovo	кӏайн хӏоа	[k'ajn h'ɔ'a]
gema (f) do ovo	буьйра	[bʉjr]
peixe (m)	чӏара	[tʃ'ar]
mariscos (m pl)	хӏордан сурсаташ	[h'ɔrdan sursataʃ]
caviar (m)	зирх	[zɪrh]
caranguejo (m)	краб	[krab]
camarão (m)	креветка	[krewetk]
ostra (f)	устрица	[ustrɪts]
lagosta (f)	лангуст	[langust]
polvo (m)	бархӏкогберг	[barh'kɔgberg]
lula (f)	кальмар	[kaljmar]
esturjão (m)	иргӏу	[ɪrɣu]
salmão (m)	лосось	[lɔsɔsʲ]
halibute (m)	палтус	[paltus]
bacalhau (m)	треска	[tresk]
cavala, sarda (f)	скумбри	[skumbrɪ]

atum (m)	тунец	[tunets]
enguia (f)	жіаьлин чіара	[ʒ'ælɪn tʃ'ar]
truta (f)	бакъ чіара	[baq? tʃ'ar]
sardinha (f)	сардина	[sardɪn]
lúcio (m)	гіазкхийн чіара	[ɣazqɪːn tʃ'ar]
arenque (m)	сельдь	[seljdʲ]
pão (m)	бепиг	[bepɪg]
queijo (m)	нехча	[nehtʃ]
açúcar (m)	шекар	[ʃəkar]
sal (m)	туьха	[tʉh]
arroz (m)	дуга	[dug]
massas (f pl)	макаронаш	[makarɔnaʃ]
talharim (m)	гарзанаш	[garzanaʃ]
manteiga (f)	налха	[nalh]
óleo (m) vegetal	ораматийн даьтта	[ɔramatɪːn dætt]
óleo (m) de girassol	хіун даьтта	[h'un dætt]
margarina (f)	маргарин	[margarɪn]
azeitonas (f pl)	оливкаш	[ɔlɪvkaʃ]
azeite (m)	оливкан даьтта	[ɔlɪvkan dætt]
leite (m)	шура	[ʃur]
leite (m) condensado	юкъйина шура	[juq?jɪn ʃur]
iogurte (m)	йогурт	[jogurt]
nata (f) azeda	тіо	[t'ɔ]
nata (f) do leite	гіаймакх	[ɣajmaq]
maionese (f)	майнез	[majnez]
creme (m)	крем	[krem]
grãos (m pl) de cereais	Іов	['ɔv]
farinha (f)	дама	[dam]
enlatados (m pl)	консерваш	[kɔnservaʃ]
flocos (m pl) de milho	хьаьжкіийн чуьппалгаш	[hæʒk'ɪːn tʃʉppalgaʃ]
mel (m)	моз	[mɔz]
doce (m)	джем	[dʒem]
pastilha (f) elástica	сеІаз	[seɣaz]

36. Bebidas

água (f)	хи	[hɪ]
água (f) potável	молу хи	[molu hɪ]
água (f) mineral	дарбане хи	[darbane hɪ]
sem gás	газ йоцуш	[gaz jotsuʃ]
gaseificada	газ тоьхна	[gaz tøhn]
com gás	газ йолуш	[gaz joluʃ]
gelo (m)	ша	[ʃ]
com gelo	ша болуш	[ʃa bɔluʃ]

sem álcool	алкоголь йоцу	[alkɔgɔlj jotsu]
bebida (f) sem álcool	алкоголь йоцу маларш	[alkɔgɔlj jotsu malarʃ]
refresco (m)	хьогаллин малар	[hɔgallɪn malar]
limonada (f)	лимонад	[lɪmɔnad]
bebidas (f pl) alcoólicas	алкоголь йолу маларш	[alkɔgɔlj jolu malarʃ]
vinho (m)	чагӏар	[tʃaɣar]
vinho (m) branco	кӏай чагӏар	[k'aj tʃaɣar]
vinho (m) tinto	цӏен чагӏар	[ts'en tʃaɣar]
licor (m)	ликёр	[lɪk'or]
champanhe (m)	шампански	[ʃampanskɪ]
vermute (m)	вермут	[wermut]
uísque (m)	виски	[wɪskɪ]
vodka (f)	къаьракъа	[qʔæraqʔ]
gim (m)	джин	[dʒɪn]
conhaque (m)	коньяк	[kɔnjak]
rum (m)	ром	[rɔm]
café (m)	къахьо	[qʔahɔ]
café (m) puro	ӏаьржа къахьо	['ærʒ qʔahɔ]
café (m) com leite	шура тоьхна къахьо	[ʃur tøhn qʔahɔ]
cappuccino (m)	гӏаймакх тоьхна къахьо	[ɣajmaq tøhn qʔahɔ]
café (m) solúvel	дешаш долу къахьо	[deʃaʃ dɔlu qʔahɔ]
leite (m)	шура	[ʃur]
coquetel (m)	коктейль	[kɔktejlj]
batido (m) de leite	шурин коктейль	[ʃurɪn kɔktejlj]
sumo (m)	мутта	[mutt]
sumo (m) de tomate	помидорийн мутта	[pɔmɪdɔrɪːn mutt]
sumo (m) de laranja	апельсинан мутта	[apeljsɪnan mutt]
sumo (m) fresco	керла йаккха мутта	[kerl jakq mutt]
cerveja (f)	йий	[jɪː]
cerveja (f) clara	сирла йий	[sɪrl jɪː]
cerveja (f) preta	ӏаьржа йий	['ærʒ jɪː]
chá (m)	чай	[tʃaj]
chá (m) preto	ӏаьржа чай	['ærʒ tʃaj]
chá (m) verde	баьццара чай	[bætsar tʃaj]

37. Vegetais

legumes (m pl)	хасстоьмаш	[hasstømaʃ]
verduras (f pl)	гӏабуц	[ɣabuts]
tomate (m)	помидор	[pɔmɪdɔr]
pepino (m)	наьрс	[nærs]
cenoura (f)	жӏонка	[ʒ'ɔnk]
batata (f)	картол	[kartɔl]
cebola (f)	хох	[hoh]
alho (m)	саьрмасекх	[særmaseq]

couve (f)	копаста	[kɔpast]
couve-flor (f)	къорза копаста	[qʔɔrz kɔpast]
couve-de-bruxelas (f)	брюссельски копаста	[brʉsseljskɪ kɔpast]
brócolos (m pl)	брокколи копаст	[brɔkkɔlɪ kɔpast]
beterraba (f)	бурак	[burak]
beringela (f)	баклажан	[baklaʒan]
curgete (f)	кабачок	[kabatʃɔk]
abóbora (f)	гӏабакх	[ɣabaq]
nabo (m)	хорсам	[horsam]
salsa (f)	чам-буц	[tʃam buts]
funcho, endro (m)	оччам	[ɔtʃam]
alface (f)	салат	[salat]
aipo (m)	сельдерей	[seljderej]
espargo (m)	спаржа	[sparʒ]
espinafre (m)	шпинат	[ʃpɪnat]
ervilha (f)	кхоьш	[qøʃ]
fava (f)	кхоьш	[qøʃ]
milho (m)	хьаьжкӏа	[hæʒk']
feijão (m)	кхоь	[qø]
pimentão (m)	бурч	[burtʃ]
rabanete (m)	цӏен хорсам	[ts'en horsam]
alcachofra (f)	артишок	[artɪʃɔk]

38. Frutos. Nozes

fruta (f)	стом	[stɔm]
maçã (f)	Ӏаж	['aʒ]
pera (f)	кхор	[qɔr]
limão (m)	лимон	[lɪmɔn]
laranja (f)	апельсин	[apeljsɪn]
morango (m)	цӏазам	[ts'azam]
tangerina (f)	мандарин	[mandarɪn]
ameixa (f)	хьач	[hatʃ]
pêssego (m)	гӏаммагӏа	[ɣammaɣ]
damasco (m)	туьрк	[tʉrk]
framboesa (f)	комар	[kɔmar]
ananás (m)	ананас	[ananas]
banana (f)	банан	[banan]
melancia (f)	хорбаз	[horbaz]
uva (f)	кемсаш	[kemsaʃ]
ginja, cereja (f)	балл	[ball]
meloa (f)	гӏабакх	[ɣabaq]
toranja (f)	грейпфрут	[grejpfrut]
abacate (m)	авокадо	[avɔkadɔ]
papaia (f)	папайя	[papaj]
manga (f)	манго	[mangɔ]
romã (f)	гранат	[granat]

groselha (f) vermelha	цIен кхезарш	[ts'en qezarʃ]
groselha (f) preta	Iаьржа кхезарш	['ærʒ qezarʃ]
groselha (f) espinhosa	кIудалгаш	[k'udalgaʃ]
mirtilo (m)	Iаьржа балл	['ærʒ ball]
amora silvestre (f)	мангалкомар	[mangalkɔmar]
uvas (f pl) passas	кишмаш	[kɪʃmaʃ]
figo (m)	инжир	[ɪnʒɪr]
tâmara (f)	хурма	[hurm]
amendoim (m)	орахис	[ɔrahɪs]
amêndoa (f)	миндаль	[mɪndalj]
noz (f)	бочабIап	[bɔtʃab'ar]
avelã (f)	хIунан бIар	[h'unan bar]
coco (m)	кокосови бIар	[kɔkɔsɔwɪ b'ar]
pistáchios (m pl)	фисташкаш	[fɪstaʃkaʃ]

39. Pão. Bolaria

pastelaria (f)	кхачанан хIуманаш	[qatʃanan h'umanaʃ]
pão (m)	бепиг	[bepɪg]
bolacha (f)	пичени	[pɪtʃenɪ]
chocolate (m)	шоколад	[ʃɔkɔlad]
de chocolate	шоколадан	[ʃɔkɔladan]
rebuçado (m)	кемпет	[kempet]
bolo (cupcake, etc.)	пирожни	[pɪrɔʒnɪ]
bolo (m) de aniversário	торт	[tɔrt]
tarte (~ de maçã)	чуда	[tʃud]
recheio (m)	чуйоьллинарг	[tʃujøllɪnarg]
doce (m)	варени	[varenɪ]
geleia (f) de frutas	мармелад	[marmelad]
waffle (m)	вафлеш	[vafleʃ]
gelado (m)	морожени	[mɔrɔʒenɪ]

40. Pratos cozinhados

prato (m)	даар	[da'ar]
cozinha (~ portuguesa)	даарш	[da'arʃ]
receita (f)	рецепт	[retsept]
porção (f)	порци	[pɔrtsɪ]
salada (f)	салат	[salat]
sopa (f)	чорпа	[tʃɔrp]
caldo (m)	чорпа	[tʃɔrp]
sandes (f)	бутерброд	[buterbrɔd]
ovos (m pl) estrelados	хIоаш	[h'ɔ'aʃ]
hambúrguer (m)	гамбургер	[gamburger]
bife (m)	бифштекс	[bɪfʃteks]

conduto (m)	гарнир	[garnɪr]
espaguete (m)	спагетти	[spagettɪ]
puré (m) de batata	картолийн худар	[kartɔlɪːn hudar]
pizza (f)	пицца	[pɪts]
papa (f)	худар	[hudar]
omelete (f)	омлет	[ɔmlet]
cozido em água	кхехкийна	[qehkɪːn]
fumado	кхаьгна	[qæɡn]
frito	кхерзина	[qerzɪn]
seco	дакъийна	[daqʔɪːn]
congelado	гIорийна	[ɣɔrɪːn]
em conserva	берамала доьллина	[beramal døllɪn]
doce (açucarado)	мерза	[merz]
salgado	дуьра	[dʉr]
frio	шийла	[ʃɪːl]
quente	довха	[dɔvh]
amargo	къаьхьа	[qʔæh]
gostoso	чоме	[tʃome]
cozinhar (em água a ferver)	кхехко	[qehkɔ]
fazer, preparar (vt)	кечдан	[ketʃdan]
fritar (vt)	кхарза	[qarz]
aquecer (vt)	дохдан	[dɔhdan]
salgar (vt)	туьха таса	[tʉha tas]
apimentar (vt)	бурч таса	[burtʃ tas]
ralar (vt)	сатоха	[satɔh]
casca (f)	чкъуьйриг	[tʃqʔʉjrɪɡ]
descascar (vt)	цIанъян	[tsʼanʔjan]

41. Especiarias

sal (m)	туьха	[tʉh]
salgado	дуьра	[dʉr]
salgar (vt)	туьха таса	[tʉha tas]
pimenta (f) preta	Iаьржа бурч	[ˈærʒ burtʃ]
pimenta (f) vermelha	цIен бурч	[tsʼen burtʃ]
mostarda (f)	кIолла	[kʼɔll]
raiz-forte (f)	кIон орам	[kʼɔn oram]
condimento (m)	чамбийриг	[tʃambɪːrɪɡ]
especiaria (f)	мерза юург	[merz juˈurɡ]
molho (m)	берам	[beram]
vinagre (m)	къонза	[qʔɔnz]
anis (m)	анис	[anɪs]
manjericão (m)	базилик	[bazɪlɪk]
cravo (m)	гвоздика	[ɡvɔzdɪk]
gengibre (m)	Iамбар	[ˈambar]
coentro (m)	кориандр	[kɔrɪandr]
canela (f)	корица	[kɔrɪts]

sésamo (m)	кунжут	[kunʒut]
folhas (f pl) de louro	лавран гIа	[lavran ɣa]
páprica (f)	паприка	[paprɪk]
cominho (m)	циц	[tsɪts]
açafrão (m)	шафран	[ʃafran]

42. Refeições

comida (f)	даар	[da'ar]
comer (vt)	яаа	[ja'a]
pequeno-almoço (m)	марта	[mart]
tomar o pequeno-almoço	марта даа	[mart da'a]
almoço (m)	делкъан кхача	[delqʔan qatʃ]
almoçar (vi)	делкъана хIума яа	[delqʔan h'um ja'a]
jantar (m)	пхьор	[phɔr]
jantar (vi)	пхьор дан	[phɔr dan]
apetite (m)	аппетит	[appetɪt]
Bom apetite!	Поза доийла!	[ɣɔz dɔɪ:l]
abrir (~ uma lata, etc.)	схьаела	[shajel]
derramar (vt)	Iано	['anɔ]
derramar-se (vr)	Iана	['an]
ferver (vi)	кхехка	[qehk]
ferver (vt)	кхехко	[qehkɔ]
fervido	кхехкийна	[qehkɪ:n]
arrefecer (vt)	шелдан	[ʃəldan]
arrefecer-se (vr)	шелдала	[ʃəldal]
sabor, gosto (m)	чам	[tʃam]
gostinho (m)	кхин чам	[qɪn tʃam]
fazer dieta	аздала	[azdal]
dieta (f)	диета	[dɪet]
vitamina (f)	втамин	[vtamɪn]
caloria (f)	калорий	[kalɔrɪ:]
vegetariano (m)	дилхазахо	[dɪlhazaho]
vegetariano	дилхаза	[dɪlhaz]
gorduras (f pl)	дилхдаьтта	[dɪlhdætt]
proteínas (f pl)	кIайн хIоа	[k'ajn h'ɔ'a]
carboidratos (m pl)	углеводаш	[uglevɔdaʃ]
fatia (~ de limão, etc.)	цастар	[tsastar]
pedaço (~ de bolo)	юьхк	[juhk]
migalha (f)	цуьрг	[tsʉrg]

43. Por a mesa

colher (f)	Iайг	['ajg]
faca (f)	урс	[urs]

garfo (m)	мIара	[m'ar]
chávena (f)	кад	[kad]
prato (m)	бошхап	[bɔʃhap]
pires (m)	бошхап	[bɔʃhap]
guardanapo (m)	салфетка	[salfetk]
palito (m)	цергахъIуттургI	[ʦergah?əutturg]

44. Restaurante

restaurante (m)	ресторан	[rɛstɔran]
café (m)	кофейни	[kɔfejnɪ]
bar (m), cervejaria (f)	бар	[bar]
salão (m) de chá	чайнан салон	[ʧajnan salɔn]

empregado (m) de mesa	официант	[ɔfɪʦɪant]
empregada (f) de mesa	официантка	[ɔfɪʦɪantk]
barman (m)	бармен	[barmen]

ementa (f)	меню	[menʉ]
lista (f) de vinhos	чагIаран карта	[ʧaɣaran kart]
reservar uma mesa	стол цхьанна тIехь чIарIдан	[stɔl ʦhann t'eh ʧ'aɣdan]

prato (m)	даар	[da'ar]
pedir (vt)	заказ ян	[zakaz jan]
fazer o pedido	заказ ян	[zakaz jan]

aperitivo (m)	аперетив	[aperetɪv]
entrada (f)	тIекхоллург	[t'eqɔllurg]
sobremesa (f)	десерт	[desert]

conta (f)	счёт	[stʃot]
pagar a conta	счётан мах бала	[stʃotan mah bal]
dar o troco	юхадоIург дала	[juhadɔɣurg dal]
gorjeta (f)	чайнна хIума	[ʧajnn h'um]

Família, parentes e amigos

45. Informação pessoal. Formulários

nome (m)	цIе	[ts'e]
apelido (m)	фамили	[famɪlɪ]
data (f) de nascimento	вина терахь	[wɪn terah]
local (m) de nascimento	вина меттиг	[wɪn mettɪg]
nacionalidade (f)	къам	[qʔam]
lugar (m) de residência	веха меттиг	[weha mettɪg]
país (m)	мохк	[mɔhk]
profissão (f)	говзалла	[gɔvzall]
sexo (m)	стен-боьршалла	[sten børʃall]
estatura (f)	локхалла	[lɔqall]
peso (m)	дозалла	[dɔzall]

46. Membros da família. Parentes

mãe (f)	нана	[nan]
pai (m)	да	[d]
filho (m)	воI	[vɔʕ]
filha (f)	йоI	[jɔʕ]
filha (f) mais nova	жимаха йоI	[ʒɪmaha jɔʕ]
filho (m) mais novo	жимаха воI	[ʒɪmaha vɔʕ]
filha (f) mais velha	йоккхаха йоI	[jokqaha jɔʕ]
filho (m) mais velho	воккхаха воI	[vɔkqaha vɔʕ]
irmão (m)	ваша	[vaʃ]
irmã (f)	йиша	[jiʃ]
primo (m)	шича	[ʃɪtʃ]
prima (f)	шича	[ʃɪtʃ]
mamã (f)	нана	[nan]
papá (m)	дада	[dad]
pais (pl)	да-нана	[də nan]
criança (f)	бер	[ber]
crianças (f pl)	бераш	[beraʃ]
avó (f)	баба	[bab]
avô (m)	дада	[dad]
neto (m)	кIентан, йоIан кIант	[k'entan], [jo'an k'ant]
neta (f)	кIентан, йоIан йоI	[k'entan], [jo'an jɔʕ]
netos (pl)	кIентан, йоIан бераш	[k'entan], [jo'an beraʃ]
tio (m)	ден ваша, ненан ваша	[den vaʃ], [nenan vaʃ]
tia (f)	деца, неца	[dets], [nets]

sobrinho (m)	вешин кӏант, йишин кӏант	[weʃɪn k'ant], [jɪʃɪn k'ant]
sobrinha (f)	вешин йоӏ, йишин йоӏ	[weʃɪn joʕ], [jɪʃɪn joʕ]
sogra (f)	стуннана	[stunnan]
sogro (m)	марда	[mard]
genro (m)	нуц	[nuts]
madrasta (f)	десте	[deste]
padrasto (m)	ненан майра	[nenan majr]
criança (f) de colo	декхаш долу бер	[deqaʃ dɔlu ber]
bebé (m)	бер	[ber]
menino (m)	жиманиг	[ʒɪmanɪg]
mulher (f)	зуда	[zud]
marido (m)	майра	[majr]
esposo (m)	майра	[majr]
esposa (f)	сесаг	[sesag]
casado	зуда ялийна	[zud jalɪːn]
casada	марехь	[mareh]
solteiro	зуда ялоза	[zud jalɔz]
solteirão (m)	зуда йоцург	[zud jotsurg]
divorciado	йитина	[jɪtɪn]
viúva (f)	жеро	[ʒerɔ]
viúvo (m)	жера-стаг	[ʒer stag]
parente (m)	гергара стаг	[gergar stag]
parente (m) próximo	юххера гергара стаг	[juher gergar stag]
parente (m) distante	генара гергара стаг	[genar gergar stag]
parentes (m pl)	гергара нах	[gergar nah]
órfão (m), órfã (f)	бо	[bɔ]
tutor (m)	верас	[weras]
adotar (um filho)	кӏантан хӏотта	[k'antan h'ɔtt]
adotar (uma filha)	йоьӏан да хӏотта	[jø'an da h'ɔtt]

Medicina

47. Doenças

doença (f)	лазар	[lazar]
estar doente	цомгуш хила	[tsɔmguʃ hɪl]
saúde (f)	могушалла	[mɔguʃall]
nariz (m) a escorrer	шелвалар	[ʃəlvalar]
amigdalite (f)	ангина	[angɪn]
constipação (f)	шелдалар	[ʃəldalar]
constipar-se (vr)	шелдала	[ʃəldal]
bronquite (f)	бронхит	[brɔnhɪt]
pneumonia (f)	пехашна хьу кхетар	[pehaʃn hu qetar]
gripe (f)	грипп	[grɪpp]
míope	бӏорзагал	[bʼɔrzagal]
presbita	генара гун	[genar gun]
estrabismo (m)	бӏарӏапа хилар	[bʼaɣar hɪlar]
estrábico	бӏарӏапа	[bʼaɣar]
catarata (f)	бӏаьрган марха	[bʼærgan marh]
glaucoma (m)	глаукома	[glaukɔm]
AVC (m), apoplexia (f)	инсульт	[ɪnsuljt]
ataque (m) cardíaco	дог датӏар	[dɔg datʼar]
enfarte (m) do miocárdio	миокардан инфаркт	[mɪɔkardan ɪnfarkt]
paralisia (f)	энаш лацар	[ɛnaʃ latsar]
paralisar (vt)	энаша лаца	[ɛnaʃ lats]
alergia (f)	аллергий	[allergɪ:]
asma (f)	астма	[astm]
diabetes (f)	диабет	[dɪabet]
dor (f) de dentes	цергийн лазар	[tsergi:n lazar]
cárie (f)	кариес	[karɪes]
diarreia (f)	диарея	[dɪarej]
prisão (f) de ventre	чо юкъялар	[tʃɔ juqʔjalar]
desarranjo (m) intestinal	чохьлазар	[tʃɔhlazar]
intoxicação (f) alimentar	отравлени	[ɔtravlenɪ]
intoxicar-se	кхачанан отравлени	[qatʃanan ɔtravlenɪ]
artrite (f)	артрит	[artrɪt]
raquitismo (m)	рахит-цамгар	[rahɪt tsamgar]
reumatismo (m)	энаш	[ɛnaʃ]
arteriosclerose (f)	атеросклероз	[aterɔsklerɔz]
gastrite (f)	гастрит	[gastrɪt]
apendicite (f)	сов йоьхь дестар	[sɔv jøh destar]

colecistite (f)	холециcтит	[holetsɪstɪt]
úlcera (f)	дал	[daʕ]

sarampo (m)	кхартанаш	[qartanaʃ]
rubéola (f)	хьара	[har]
iterícia (f)	маждар	[maʒdar]
hepatite (f)	гепатит	[gepatɪt]

esquizofrenia (f)	шизофрени	[ʃɪzɔfrenɪ]
raiva (f)	хьарадалар	[haradalar]
neurose (f)	невроз	[nevrɔz]
comoção (f) cerebral	хье лазор	[he lazɔr]

cancro (m)	дал	[daʕ]
esclerose (f)	склероз	[sklerɔz]
esclerose (f) múltipla	тидаме доцу	[tɪdame dɔtsu]

alcoolismo (m)	алкоголан цамгар	[alkɔgɔlan tsamgar]
alcoólico (m)	алкогохо	[alkɔgɔlhɔ]
sífilis (f)	чIурамцамгар	[tʃʼuramtsamgar]
SIDA (f)	СПИД	[spɪd]

tumor (m)	дестар	[destar]
maligno	кхераме	[qerame]
benigno	зуламе доцу	[zulame dɔtsu]

febre (f)	хорша	[horʃ]
malária (f)	хорша	[horʃ]
gangrena (f)	гангрена	[gangren]
enjoo (m)	хIорд хьахар	[hʼɔrd hahar]
epilepsia (f)	эпилепси	[ɛpɪlepsɪ]

epidemia (f)	ун	[un]
tifo (m)	тиф	[tɪf]
tuberculose (f)	йовхарийн цамгар	[jovharɪːn tsamgar]
cólera (f)	чоьнан ун	[tʃønan un]
peste (f)	IаьpжA ун	[ˈærʒ un]

48. Sintomas. Tratamentos. Parte 1

sintoma (m)	билгало	[bɪlgalɔ]
temperatura (f)	температура	[temperatur]
febre (f)	лекха температур	[leq temperatur]
pulso (m)	синпха	[sɪnph]

vertigem (f)	корта хьовзар	[kɔrt hovzar]
quente (testa, etc.)	довха	[dɔvh]
calafrio (m)	шелона дегадар	[ʃəlɔn degadar]
pálido	беда	[bed]

tosse (f)	йовхарш	[jovharʃ]
tossir (vi)	йовхарш етта	[jovharʃ ett]
espirrar (vi)	хьоршамаш детта	[hɔrʃamaʃ dett]
desmaio (m)	дог вон хилар	[dɔg vɔn hɪlar]

desmaiar (vi)	дог кӏадделла охьавожа	[dɔg k'addell ɔhavɔʒ]
nódoa (f) negra	ӏарждарг	['arʒdarg]
galo (m)	бӏара	[b'ar]
magoar-se (vr)	дӏакхета	[d'aqet]
pisadura (f)	дӏатохар	[d'atɔhar]
aleijar-se (vr)	дӏакхета	[d'aqet]
coxear (vi)	астагӏлелха	['astaɣlelh]
deslocação (f)	чуьрдаккхар	[tʃʉrdakqar]
deslocar (vt)	чуьрдаккхар	[tʃʉrdakqar]
fratura (f)	кагдалар	[kagdalar]
fraturar (vt)	кагдар	[kagdar]
corte (m)	хадор	[hadɔr]
cortar-se (vr)	хада	[had]
hemorragia (f)	цӏий эхар	[ts'ɪː ɛhar]
queimadura (f)	дагор	[dagɔr]
queimar-se (vr)	даго	[dagɔ]
picar (vt)	ӏотта	['ɔtt]
picar-se (vr)	ӏоттадала	['ɔttadal]
lesionar (vt)	лазо	[lazɔ]
lesão (m)	лазор	[lazɔr]
ferida (f), ferimento (m)	чов	[tʃɔv]
trauma (m)	лазор	[lazɔr]
delirar (vi)	харц лен	[harts len]
gaguejar (vi)	толкха лен	[tɔlq len]
insolação (f)	малх хьахар	[malh hahar]

49. Sintomas. Tratamentos. Parte 2

dor (f)	лазар	[lazar]
farpa (no dedo)	сирхат	[sɪrhat]
suor (m)	хьацар	[hatsar]
suar (vi)	хьацар дала	[hatsar dal]
vómito (m)	ӏеттор	['ettɔr]
convulsões (f pl)	пхенаш озор	[phenaʃ ɔzɔr]
grávida	берахниг	[berahnɪg]
nascer (vi)	хила	[hɪl]
parto (m)	бер хилар	[ber hɪlar]
dar à luz	бер дар	[ber dar]
aborto (m)	аборт	[abɔrt]
respiração (f)	са дахар	[sa dahar]
inspiração (f)	са чуозар	[sa tʃuɔzar]
expiração (f)	са арахецар	[sa arahetsar]
expirar (vi)	са арахеца	[sa arahets]
inspirar (vi)	са чуоза	[sa tʃuɔz]
inválido (m)	заьӏапхо	[zæ'apho]
aleijado (m)	заьӏапхо	[zæ'apho]

toxicodependente (m)	наркоман	[nɑrkɔmɑn]
surdo	къора	[qʔɔr]
mudo	мотт ца хуург	[mɔtt tsɑ huˈurg]
surdo-mudo	мотт ца хуург	[mɔtt tsɑ huˈurg]
louco (adj.)	хьерадьалла	[herɑdʲɑll]
louco (m)	хьераваьлларг	[herɑvælˈlɑrg]
louca (f)	хьерайалларг	[herɑjɑllɑrg]
ficar louco	хьервалар	[hervɑlɑr]
gene (m)	ген	[gen]
imunidade (f)	иммунитет	[ɪmmunɪtet]
congénito	вешшехь хилла	[weʃəh hɪll]
vírus (m)	вирус	[wɪrus]
micróbio (m)	микроб	[mɪkrɔb]
bactéria (f)	бактери	[bɑkterɪ]
infeção (f)	инфекци	[ɪnfektsɪ]

50. Sintomas. Tratamentos. Parte 3

hospital (m)	больница	[bɔljnɪts]
paciente (m)	пациент	[pɑtsɪent]
diagnóstico (m)	диагноз	[dɪɑgnɔz]
cura (f)	дарбанаш лелор	[dɑrbɑnɑʃ lelɔr]
tratamento (m) médico	дарба лелор	[dɑrb lelɔr]
curar-se (vr)	дарбанаш лелор	[dɑrbɑnɑʃ lelɔr]
tratar (vt)	дарба лело	[dɑrb lelɔ]
cuidar (pessoa)	лело	[lelɔ]
cuidados (m pl)	лелор	[lelɔr]
operação (f)	этIор	[etʼɔr]
enfaixar (vt)	дIадехка	[dʼɑdehk]
enfaixamento (m)	йоьхкург	[jøhkurg]
vacinação (f)	маха тохар	[mɑhɑ tɔhɑr]
vacinar (vt)	маха тоха	[mɑhɑ tɔh]
injeção (f)	маха тохар	[mɑhɑ tɔhɑr]
dar uma injeção	маха тоха	[mɑhɑ tɔh]
amputação (f)	ампутаци	[ɑmputɑtsɪ]
amputar (vt)	дIадаккха	[dʼɑdɑkq]
coma (f)	кома	[kɔm]
estar em coma	коме хила	[kɔme hɪl]
reanimação (f)	реанимаци	[reɑnɪmɑtsɪ]
recuperar-se (vr)	тодала	[tɔdɑl]
estado (~ de saúde)	хьал	[hɑl]
consciência (f)	кхетам	[qetɑm]
memória (f)	эс	[ɛs]
tirar (vt)	дIадаккха	[dʼɑdɑkq]
chumbo (m), obturação (f)	йома	[jom]

chumbar, obturar (vt)	йома йилла	[jom jɪll]
hipnose (f)	гипноз	[gɪpnɔz]
hipnotizar (vt)	гипноз ян	[gɪpnɔz jɑn]

51. Médicos

médico (m)	лор	[lɔr]
enfermeira (f)	лорйиша	[lɔrjɪʃ]
médico (m) pessoal	шен лор	[ʃən lɔr]

dentista (m)	дантист	[dɑntɪst]
oculista (m)	окулист	[ɔkulɪst]
terapeuta (m)	терапевт	[terɑpevt]
cirurgião (m)	хирург	[hɪrurg]

psiquiatra (m)	психиатр	[psɪhɪɑtr]
pediatra (m)	педиатр	[pedɪɑtr]
psicólogo (m)	психолог	[psɪhɔlɔg]
ginecologista (m)	гинеколог	[gɪnekɔlɔg]
cardiologista (m)	кардиолог	[kɑrdɪɔlɔg]

52. Medicina. Drogas. Acessórios

medicamento (m)	молха	[mɔlh]
remédio (m)	дарба	[dɑrb]
receitar (vt)	дайх диена	[dɑjh dɪen]
receita (f)	рецепт	[retsept]

comprimido (m)	буьртиг	[bʉrtɪg]
pomada (f)	хьакхар	[hɑqɑr]
ampola (f)	ампула	[ɑmpul]
preparado (m)	микстура	[mɪkstur]
xarope (m)	сироп	[sɪrɔp]
cápsula (f)	буьртиг	[bʉrtɪg]
remédio (m) em pó	хlyp	[h'ur]

ligadura (f)	бинт	[bɪnt]
algodão (m)	бамба	[bɑmb]
iodo (m)	йод	[jod]
penso (m) rápido	белхьам	[belhɑm]
conta-gotas (m)	пипетка	[pɪpetk]
termómetro (m)	градусъюстург	[grɑdusʔʉsturg]
seringa (f)	маха	[mɑh]

| cadeira (f) de rodas | гlудалкх | [ɣudɑlq] |
| muletas (f pl) | lасанаш | [ˈɑsɑnɑʃ] |

analgésico (m)	лаза ца войту молханаш	[lɑz tsɑ vɔjtu mɔlhɑnɑʃ]
laxante (m)	чуьйнадохуьйтург	[tʃʉjnɑdɔhʉjturg]
álcool (m) etílico	спирт	[spɪrt]
ervas (f pl) medicinais	дарбанан буц	[dɑrbɑnɑn buts]
de ervas (chá ~)	бецан	[betsɑn]

HABITAT HUMANO

Cidade

53. Cidade. Vida na cidade

cidade (f)	гӀала	[ɣal]
capital (f)	нана-гӀала	[nan ɣal]
aldeia (f)	юрт	[jurt]
mapa (m) da cidade	гӀалин план	[ɣalɪn plan]
centro (m) da cidade	гӀалин юкъ	[ɣalɪn juq?]
subúrbio (m)	гӀалин йист	[ɣalɪn jɪst]
suburbano	гӀалин йистера	[ɣalɪn jɪster]
periferia (f)	гӀалин йист	[ɣalɪn jɪst]
arredores (m pl)	гӀалин гонахе	[ɣalɪn gonahe]
quarteirão (m)	квартал	[kvartal]
quarteirão (m) residencial	нах беха квартал	[nah beha kvartal]
tráfego (m)	лелар	[lelar]
semáforo (m)	светофор	[swetɔfɔr]
transporte (m) público	гӀалара транспорт	[ɣalar transpɔrt]
cruzamento (m)	галморзе	[galmɔrze]
passadeira (f)	галморзе	[galmɔrze]
passagem (f) subterrânea	лаьттан бухара дехьаволийла	[læLttan buhar dehavɔlɪːl]
cruzar, atravessar (vt)	дехьа вала	[deh val]
peão (m)	гӀашло	[ɣaʃlɔ]
passeio (m)	тротуар	[trɔtuar]
ponte (f)	тӀай	[t'aj]
margem (f) do rio	хийист	[hɪːɪst]
fonte (f)	фонтан	[fɔntan]
alameda (f)	аллей	[allej]
parque (m)	беш	[beʃ]
bulevar (m)	бульвар	[buljvar]
praça (f)	майда	[majd]
avenida (f)	проспект	[prɔspekt]
rua (f)	урам	[uram]
travessa (f)	урамалг	[uramalg]
beco (m) sem saída	кӀажбухе	[k'aʒbuhe]
casa (f)	цӀа	[ts'a]
edifício, prédio (m)	гӀишло	[ɣɪʃlɔ]
arranha-céus (m)	стигал-бохь	[stɪgal bɔh]
fachada (f)	хьалхе	[halhe]

telhado (m)	тхов	[thov]
janela (f)	кор	[kɔr]
arco (m)	нартол	[nartɔl]
coluna (f)	колонна	[kɔlɔn]
esquina (f)	маьлг	[mæ'ɪg]

montra (f)	витрина	[wɪtrɪn]
letreiro (m)	гойтург	[gɔjturg]
cartaz (m)	афиша	[afɪʃ]
cartaz (m) publicitário	рекламан плакат	[reklaman plakat]
painel (m) publicitário	рекламан у	[reklaman u]

lixo (m)	нехаш	[nehaʃ]
cesta (f) do lixo	урна	[urn]
jogar lixo na rua	нехаш яржо	[nehaʃ jarʒɔ]
aterro (m) sanitário	нехаш д1акхийсуьйла	[nehaʃ d'aqɪ:sɥjl]

cabine (f) telefónica	телефонан будка	[telefɔnan budk]
candeeiro (m) de rua	фонаран з1енар	[fɔnaran z'enar]
banco (m)	г1ант	[ɣant]

polícia (m)	полици	[pɔlɪtsɪ]
polícia (instituição)	полици	[pɔlɪtsɪ]
mendigo (m)	саг1адоьхург	[saɣadøhurg]
sem-abrigo (m)	ц1а доцу	[ts'a dɔtsu]

54. Instituições urbanas

loja (f)	туька	[tɥk]
farmácia (f)	аптека	[aptek]
ótica (f)	оптика	[ɔptɪk]
centro (m) comercial	механ центр	[mehan tsentr]
supermercado (m)	супермаркет	[supermarket]

padaria (f)	сурсатийн туька	[sursatɪ:n tɥk]
padeiro (m)	пурнхо	[purnhɔ]
pastelaria (f)	кондитерски	[kɔndɪterskɪ]
mercearia (f)	баккхал	[bakqal]
talho (m)	жижиг духку туька	[ʒɪʒɪg duhku tɥk]

loja (f) de legumes	хасстоьмийн туька	[hasstømɪ:n tɥk]
mercado (m)	базар	[bazar]

café (m)	кафе	[kafe]
restaurante (m)	ресторан	[restɔran]
bar (m), cervejaria (f)	йийн туька	[jɪ:n tɥk]
pizzaria (f)	пиццерий	[pɪtserɪ:]

salão (m) de cabeleireiro	парикмахерски	[parɪkmaherskɪ]
correios (m pl)	пошт	[pɔʃt]
lavandaria (f)	химцландар	[hɪmts'andar]
estúdio (m) fotográfico	фотоателье	[fɔtoatelje]
sapataria (f)	мачийн туька	[matʃɪ:n tɥk]
livraria (f)	книшкийн туька	[knɪʃkɪ:n tɥk]

loja (f) de artigos de desporto	спортан туька	[spɔrtan tuk]
reparação (f) de roupa	бедар таяр	[bedar tajar]
aluguer (m) de roupa	бедарийн прокат	[bedarɪːn prɔkat]
aluguer (m) de filmes	фильман прокат	[fɪljman prɔkat]
circo (m)	цирк	[ʦɪrk]
jardim (m) zoológico	дийнатийн парк	[dɪːnatɪːn park]
cinema (m)	кинотеатр	[kɪnɔteatr]
museu (m)	музей	[muzej]
biblioteca (f)	библиотека	[bɪblɪɔtek]
teatro (m)	театр	[teatr]
ópera (f)	опера	[ɔper]
clube (m) noturno	буьйсанан клуб	[bujsanan klub]
casino (m)	казино	[kazɪnɔ]
mesquita (f)	маьждиг	[mæʒdɪg]
sinagoga (f)	синагога	[sɪnagɔg]
catedral (f)	килс	[kɪls]
templo (m)	зиярат	[zɪjarat]
igreja (f)	килс	[kɪls]
instituto (m)	институт	[ɪnstɪtut]
universidade (f)	университет	[unɪwersɪtet]
escola (f)	школа	[ʃkɔl]
prefeitura (f)	префектур	[prefektur]
câmara (f) municipal	мэри	[mɛrɪ]
hotel (m)	хьешийн цIа	[heʃɪːn ʦ'a]
banco (m)	банк	[bank]
embaixada (f)	векаллат	[wekallat]
agência (f) de viagens	турагенство	[turagenstvɔ]
agência (f) de informações	хаттараллин бюро	[hattarallɪn burɔ]
casa (f) de câmbio	хуьицийла	[huɨʦɪːl]
metro (m)	метро	[metrɔ]
hospital (m)	больница	[bɔljnɪʦ]
posto (m) de gasolina	бензин дутту колонка	[benzɪn duttu kɔlɔnk]
parque (m) de estacionamento	дIахIоттайойла	[d'ah'ɔttajojl]

55. Sinais

letreiro (m)	гойтург	[gɔjturg]
inscrição (f)	тIеяздар	[t'ejazdar]
cartaz, póster (m)	плакат	[plakat]
sinal (m) informativo	гойтург	[gɔjturg]
seta (f)	цамза	[ʦamz]
aviso (advertência)	лардар	[lardar]
sinal (m) de aviso	дIахьедар	[d'ahedar]
avisar, advertir (vt)	дIахьедан	[d'ahedan]
dia (m) de folga	мукъа де	[muqʔ de]

horário (m)	расписани	[rɑspɪsɑnɪ]
horário (m) de funcionamento	белхан сахьташ	[belhɑn sɑhtɑʃ]
BEM-VINDOS!	ДИКАНЦА ДОГIИЙЛА!	[dɪkɑnts dɔɣɪːl]
ENTRADA	ЧУГIОЙЛА	[ʧuɣɔjl]
SAÍDA	АРАДОЛИЙЛА	[ɑrɑdɔlɪːl]
EMPURRE	ШЕГАРА	[ʃəgɑr]
PUXE	ШЕН ТIЕ	[ʃən tʼe]
ABERTO	ДИЛЛИНА	[dɪllɪn]
FECHADO	КЪОВЛИНА	[qʔovlɪn]
MULHER	ЗУДАРИЙН	[zudɑrɪːn]
HOMEM	БОЖАРИЙН	[bɔʒɑrɪːn]
DESCONTOS	МАХ ТIЕРБАККХАР	[mɑh tʼerbɑkqɑr]
SALDOS	ДОЬХКИНА ДIАДАККХАР	[døhkɪn dʼɑdɑkqɑr]
NOVIDADE!	КЕРЛАНИГ!	[kerlɑnɪg]
GRÁTIS	МАЬХЗА	[mæhz]
ATENÇÃO!	ЛАДОГIА!	[lɑdoɣ]
NÃO HÁ VAGAS	МЕТТИГ ЯЦ	[mettɪg jɑts]
RESERVADO	ЦХЬАНАН ТIЕХЬ ЧIАГIЙИНА	[tshɑnɑn tʼeh ʧʼɑɣjɪn]
ADMINISTRAÇÃO	АДМИНИСТРАЦИ	[ɑdmɪnɪstrɑtsɪ]
SOMENTE PESSOAL AUTORIZADO	ПЕРСОНАЛАН БЕ	[personɑlɑn be]
CUIDADO CÃO FEROZ	ДЕРА ЖIАЬЛА	[der ʒʼæl]
PROIBIDO FUMAR!	ЦИГАЬРКА ОЗА МЕГАШ ДАЦ!	[tsɪgærk ɔz megɑʃ dɑts]
NÃO TOCAR	КУЬЙГАШ МА ДЕТТА!	[kujgɑʃ mɑ dett]
PERIGOSO	КХЕРАМЕ	[qerɑme]
PERIGO	КХЕРАМ	[qerɑm]
ALTA TENSÃO	ЛАКХАРЧУ БУЛЛАМАН ТОК	[lɑqɑrʧu bullɑmɑn tɔk]
PROIBIDO NADAR	ЛИЙЧА ЦА МЕГА	[lɪːʧ tsɑ meg]
AVARIADO	БОЛХ ЦА БО	[bɔlh tsɑ bɔ]
INFLAMÁVEL	ЦIЕ КХЕРАМЕ	[tsʼe qerɑme]
PROIBIDO	ЦА МЕГА	[tsɑ meg]
ENTRADA PROIBIDA	ЧЕКХДАЛАР ЦА МЕГА	[ʧeqdɑlɑr tsɑ meg]
CUIDADO TINTA FRESCA	БАСАР ХЬАЬКХНА	[bɑsɑr hæqn]

56. Transportes urbanos

autocarro (m)	автобус	[ɑvtɔbus]
elétrico (m)	трамвай	[trɑmvɑj]
troleicarro (m)	троллейбус	[trɔllejbus]
itinerário (m)	маршрут	[mɑrʃrut]
número (m)	номер	[nɔmer]
ir de ... (carro, etc.)	даха	[dɑh]

| entrar (~ no autocarro) | тlехаа | [t'eha'a] |
| descer de ... | охьадосса | [ɔhadɔss] |

paragem (f)	социйла	[sɔtsɪ:l]
próxima paragem (f)	роrlера социйла	[rɔɣer sɔtsɪ:l]
ponto (m) final	тlаьххьара социйла	[t'æhar sɔtsɪ:l]
horário (m)	расписани	[raspɪsanɪ]
esperar (vt)	хьежа	[heʒ]

| bilhete (m) | билет | [bɪlet] |
| custo (m) do bilhete | билетан мах | [bɪletan mah] |

bilheteiro (m)	кассир	[kassɪr]
controlo (m) dos bilhetes	контроль	[kɔntrɔlj]
revisor (m)	контролёр	[kɔntrɔlʲor]

atrasar-se (vr)	тlаьхьадиса	[t'æhadɪs]
perder (o autocarro, etc.)	тlаьхьадиса	[t'æhadɪs]
estar com pressa	сихадала	[sɪhadal]

táxi (m)	такси	[taksɪ]
taxista (m)	таксист	[taksɪst]
de táxi (ir ~)	таксин тlехь	[taksɪn t'eh]
praça (f) de táxis	такси дlахlоттайойла	[taksɪ d'ah'ɔttajojl]
chamar um táxi	таксига кхайкха	[taksɪɡ qajq]
apanhar um táxi	такси лаца	[taksɪ lats]

tráfego (m)	урамашкахула лелар	[uramaʃkahul lelar]
engarrafamento (m)	дlадукъар	[d'aduqʔar]
horas (f pl) de ponta	юкъелла хан	[juqʔell han]
estacionar (vi)	машина дlахlоттар	[maʃɪn d'ah'ɔttar]
estacionar (vt)	машина дlахlотто	[maʃɪn d'ah'ɔttɔ]
parque (m) de estacionamento	дlахlоттайойла	[d'ah'ɔttajojl]

metro (m)	метро	[metrɔ]
estação (f)	станци	[stantsɪ]
ir de metro	метрохь ваха	[metrɔh vah']
comboio (m)	цlерпошт	[ts'erpɔʃt]
estação (f)	вокзал	[vɔkzal]

57. Turismo

monumento (m)	хlоллам	[h'ɔllam]
fortaleza (f)	гlап	[ɣap]
palácio (m)	гlала	[ɣal]
castelo (m)	гlала	[ɣal]
torre (f)	бlов	[b'ɔv]
mausoléu (m)	мавзолей	[mavzɔlej]

arquitetura (f)	архитектура	[arhɪtektur]
medieval	юккъерчу бlешерийн	[jukqʔertʃu b'eʃerɪ:n]
antigo	тамашена	[tamaʃən]
nacional	къаьмнийн	[qʔæmnɪ:n]
conhecido	гlарадаьлла	[ɣaradæll]

turista (m)	турист	[turɪst]
guia (pessoa)	гид	[gɪd]
excursão (f)	экскурси	[ɛkskursɪ]
mostrar (vt)	гайта	[gajt]
contar (vt)	дийца	[dɪ:ts]
encontrar (vt)	каро	[karɔ]
perder-se (vr)	дан	[dɑn]
mapa (~ do metrô)	схема	[shem]
mapa (~ da cidade)	план	[plɑn]
lembrança (f), presente (m)	совгӏат	[sɔvɣɑt]
loja (f) de presentes	совгӏатан туька	[sɔvɣɑtɑn tʉk]
fotografar (vt)	сурт даккха	[surt dɑkq]
fotografar-se	сурт даккхийта	[surt dɑkqɪ:t]

58. Compras

comprar (vt)	эца	[ɛts]
compra (f)	эцар	[ɛtsɑr]
fazer compras	х1уманаш эца	[humɑnɑʃ ɛts]
compras (f pl)	эцар	[ɛtsɑr]
estar aberta (loja, etc.)	болх бан	[bɔlh bɑn]
estar fechada	дӏакъовла	[d'ɑqʔɔvl]
calçado (m)	мача	[mɑtʃ]
roupa (f)	бедар	[bedɑr]
cosméticos (m pl)	косметика	[kɔsmetɪk]
alimentos (m pl)	сурсаташ	[sursɑtɑʃ]
presente (m)	совгӏат	[sɔvɣɑt]
vendedor (m)	йохкархо	[johkɑrhɔ]
vendedora (f)	йохкархо	[johkɑrhɔ]
caixa (f)	касса	[kɑss]
espelho (m)	куьзга	[kʉzg]
balcão (m)	гӏопаста	[ɣɔpɑst]
cabine (f) de provas	примерочни	[prɪmerɔtʃnɪ]
provar (vt)	тӏедуьйхина хьажа	[t'edujhɪn hɑʒ]
servir (vi)	гӏехьа хила	[ɣeh hɪl]
gostar (apreciar)	хазахета	[hɑzɑhet]
preço (m)	мах	[mɑh]
etiqueta (f) de preço	махло	[mɑhlɔ]
custar (vt)	деха	[deh]
Quanto?	Хӏун доккху?	[h'un dɔkqu]
desconto (m)	тӏерадаккхар	[t'erɑdɑkqɑr]
não caro	деза доцу	[dez dɔtsu]
barato	дораха	[dɔrɑh]
caro	деза	[dez]
É caro	Иза механ деза ду.	[ɪz mehɑn dez du]

aluguer (m)	прокат	[prɔkat]
alugar (vestidos, etc.)	прокатан схьаэца	[prɔkatan shaəts]
crédito (m)	кредит	[kredɪt]
a crédito	кредитан	[kredɪtan]

59. Dinheiro

dinheiro (m)	ахча	[ahtʃ]
câmbio (m)	хийцар	[hɪːtsar]
taxa (f) de câmbio	мах	[mah]
Caixa Multibanco (m)	банкомат	[bankɔmat]
moeda (f)	ахча	[ahtʃ]
dólar (m)	доллар	[dɔllar]
euro (m)	евро	[evrɔ]
lira (f)	лира	[lɪr]
marco (m)	марка	[mark]
franco (m)	франк	[frank]
libra (f) esterlina	стерлингийн фунт	[sterlɪngɪːn funt]
iene (m)	йена	[jen]
dívida (f)	декхар	[deqar]
devedor (m)	декхархо	[deqarhɔ]
emprestar (vt)	юхалург дала	[juhalurg dal]
pedir emprestado	юхалург эца	[juhalurg ɛts]
banco (m)	банк	[bank]
conta (f)	счёт	[stʃot]
depositar na conta	счёт тӏедилла	[stʃot t'edɪll]
levantar (vt)	счёт тӏера схьаэца	[stʃot t'er sha'ɛts]
cartão (m) de crédito	кредитан карта	[kredɪtan kart]
dinheiro (m) vivo	карахь долу ахча	[karah dɔlu ahtʃ]
cheque (m)	чек	[tʃek]
passar um cheque	чёт язъян	[tʃot jazʔjan]
livro (m) de cheques	чекан книшка	[tʃekan knɪʃk]
carteira (f)	бумаьштиг	[bumæʃtɪg]
porta-moedas (m)	бохча	[bɔhtʃ]
cofre (m)	сейф	[sejf]
herdeiro (m)	верас	[weras]
herança (f)	диснарг	[dɪsnarg]
fortuna (riqueza)	бахам	[baham]
arrendamento (m)	аренда	[arend]
renda (f) de casa	петаран мах	[petaran mah]
alugar (vt)	лаца	[lats]
preço (m)	мах	[mah]
custo (m)	мах	[mah]
soma (f)	жамӏ	[ʒam']
gastar (vt)	дайа	[daj]

gastos (m pl)	харжаш	[harʒaʃ]
economizar (vi)	довзо	[dɔvzɔ]
económico	девзаш долу	[devzaʃ dɔlu]
pagar (vt)	ахча дала	[ahtʃ dal]
pagamento (m)	алапа далар	[alap dalar]
troco (m)	юхадоrlypr	[juhadɔɣurg]
imposto (m)	налог	[nalɔg]
multa (f)	гӀуда	[ɣud]
multar (vt)	гӀуда тоха	[ɣud tɔh]

60. Correios. Serviço postal

correios (m pl)	пошт	[pɔʃt]
correio (m)	пошт	[pɔʃt]
carteiro (m)	почтальон	[pɔtʃtalʲɔn]
horário (m)	белхан сахьташ	[belhan sahtaʃ]
carta (f)	кехат	[kehat]
carta (f) registada	заказ дина кехат	[zakaz dɪn kehat]
postal (m)	открытк	[ɔtkrɪtk]
telegrama (m)	телеграмма	[telegramm]
encomenda (f) postal	посылка	[pɔsɪlk]
remessa (f) de dinheiro	дӀатесна ахча	[dʼatesn ahtʃ]
receber (vt)	схьаэца	[shaeʦ]
enviar (vt)	дӀадахьийта	[dʼadahɪːt]
envio (m)	дӀадахьийтар	[dʼadahɪːtar]
endereço (m)	адрес	[adres]
código (m) postal	индекс	[ɪndeks]
remetente (m)	дӀадахьийтинарг	[dʼadahɪːtɪnarg]
destinatário (m)	схьаэцархо	[shaeʦarhɔ]
nome (m)	цӀе	[ʦʼe]
apelido (m)	фамили	[famɪlɪ]
tarifa (f)	тариф	[tarɪf]
ordinário	гуттарлера	[guttarler]
económico	кхоаме	[qɔame]
peso (m)	дозалла	[dɔzall]
pesar (estabelecer o peso)	оза	[ɔz]
envelope (m)	ботт	[bɔtt]
selo (m)	марка	[mark]

Moradia. Casa. Lar

61. Casa. Eletricidade

eletricidade (f)	электричество	[ɛlektrɪtʃestvɔ]
lâmpada (f)	лампа	[lamp]
interruptor (m)	дӏаяйоург	[d'ajajourg]
fusível (m)	тӏус	[t'us]
fio, cabo (m)	сара	[sar]
instalação (f) elétrica	далор	[dalɔr]
contador (m) de eletricidade	лорург	[lɔrurg]
indicação (f), registo (m)	гайтам	[gajtam]

62. Moradia. Mansão

casa (f) de campo	гӏалил ара цӏа	[ɣalɪl 'ar ts'a]
vila (f)	вилла	[wɪll]
ala (~ do edifício)	арло	['aɣɔ]
jardim (m)	хасбеш	[hasbeʃ]
parque (m)	беш	[beʃ]
estufa (f)	оранжерей	[ɔranʒerej]
cuidar de ...	ӏалашдан	['alaʃdan]
piscina (f)	бассейн	[bassejn]
ginásio (m)	спортан зал	[spɔrtan zal]
campo (m) de ténis	теннисан корт	[tenɪsan kɔrt]
cinema (m)	кинотеатр	[kɪnɔteatr]
garagem (f)	гараж	[garaʒ]
propriedade (f) privada	долара хьал	[dɔlar hal]
terreno (m) privado	долара хьал	[dɔlar hal]
advertência (f)	дӏахьедар	[d'ahedar]
sinal (m) de aviso	дӏахьедаран йоза	[d'ahedaran joz]
guarda (f)	ха	[h]
guarda (m)	хехо	[hehɔ]
alarme (m)	хаамбийриг	[hɑːmbɪːrɪg]

63. Apartamento

apartamento (m)	петар	[petar]
quarto (m)	чоь	[tʃø]
quarto (m) de dormir	дуьйшу чоь	[dɥjʃu tʃø]

sala (f) de jantar	столови	[stɔlowɪ]
sala (f) de estar	хьешан цlа	[heʃan ts'a]
escritório (m)	кабинет	[kabɪnet]
antessala (f)	сени	[senɪ]
quarto (m) de banho	ваннан чоь	[vannan ʧø]
toilette (lavabo)	хьаштагlа	[haʃtaɣ]
teto (m)	тхов	[thov]
chão, soalho (m)	цlенкъа	[ts'enq?]
canto (m)	са	[s]

64. Mobiliário. Interior

mobiliário (m)	мебель	[mebelj]
mesa (f)	стол	[stɔl]
cadeira (f)	гlант	[ɣant]
cama (f)	маьнга	[mæng]
divã (m)	диван	[dɪvan]
cadeirão (m)	кресло	[kreslɔ]
estante (f)	шкаф	[ʃkaf]
prateleira (f)	терхи	[terhɪ]
guarda-vestidos (m)	шкаф	[ʃkaf]
cabide (m) de parede	бедаршъухкург	[bedarʃʔuhkurg]
cabide (m) de pé	бедаршъухкург	[bedarʃʔuhkurg]
cómoda (f)	комод	[kɔmɔd]
mesinha (f) de centro	журналан стол	[ʒurnalan stɔl]
espelho (m)	куьзга	[kʉzg]
tapete (m)	куз	[kuz]
tapete (m) pequeno	кузан цуьрг	[kuzan tsʉrg]
lareira (f)	товха	[tɔvh]
vela (f)	чlурам	[ʧ'uram]
castiçal (m)	чlурамхlотторг	[ʧ'uramhɔttɔrg]
cortinas (f pl)	штораш	[ʃtɔraʃ]
papel (m) de parede	обойш	[ɔbɔjʃ]
estores (f pl)	жалюзаш	[ʒalʉzaʃ]
candeeiro (m) de mesa	стоьла тle хlотто лампа	[støl t'e h'ɔttɔ lamp]
candeeiro (m) de parede	къуьда	[q?ʉd]
candeeiro (m) de pé	торшер	[tɔrʃər]
lustre (m)	люстра	[lʉstr]
pé (de mesa, etc.)	ког	[kɔg]
braço (m)	голагlопторг	[gɔlaɣɔrtɔrg]
costas (f pl)	букъ	[buq?]
gaveta (f)	яьшка	[jæʃk]

65. Quarto de dormir

roupa (f) de cama	чухулаюху хIуманаш	[ʧuhulajuhu h'umanaʃ]
almofada (f)	гIайба	[ɣajb]
fronha (f)	лоччар	[lɔʧar]
cobertor (m)	юргIа	[jury]
lençol (m)	шаршу	[ʃarʃu]
colcha (f)	меттан шаршу	[mettan ʃarʃu]

66. Cozinha

cozinha (f)	кухни	[kuhnɪ]
gás (m)	газ	[gɑz]
fogão (m) a gás	газан плита	[gazan plɪt]
fogão (m) elétrico	электрически плита	[ɛlektrɪʧeskɪ plɪt]
forno (m)	духовка	[duhovk]
forno (m) de micro-ondas	микроволнови пеш	[mɪkrɔvɔlnɔwɪ peʃ]
frigorífico (m)	шелиг	[ʃəlɪg]
congelador (m)	морозильник	[mɔrɔzɪljnɪk]
máquina (f) de lavar louça	пхьегIаш йулу машина	[pheɣaʃ julu maʃɪn]
moedor (m) de carne	жижигIохьург	[ʒɪʒɪgʔɔhurg]
espremedor (m)	муттадоккхург	[muttadɔkqurg]
torradeira (f)	тостер	[tɔster]
batedeira (f)	миксер	[mɪkser]
máquina (f) de café	къахьокхехкорг	[qʔahɔqehkɔrg]
cafeteira (f)	къахьокхехкорг	[qʔahɔqehkɔrg]
moinho (m) de café	къахьоахьарг	[qʔahɔaharg]
chaleira (f)	чайник	[ʧajnɪk]
bule (m)	чайник	[ʧajnɪk]
tampa (f)	HeгIap	[neɣar]
coador (m) de chá	цаца	[tsats]
colher (f)	IайгI	['ajg]
colher (f) de chá	стаканан IайгI	[stakanan 'ajg]
colher (f) de sopa	аьчка IайгI	['æʧk 'ajg]
garfo (m)	мIapa	[m'ar]
faca (f)	урс	[urs]
louça (f)	пхьегIаш	[pheɣaʃ]
prato (m)	бошхап	[bɔʃhap]
pires (m)	бошхап	[bɔʃhap]
cálice (m)	рюмка	[rʉmk]
copo (m)	стака	[stak]
chávena (f)	кад	[kad]
açucareiro (m)	шекардухкург	[ʃəkarduhkurg]
saleiro (m)	туьхадухкург	[tʉhaduhkurg]
pimenteiro (m)	бурчъюхкург	[burʧʔʉhkurg]

manteigueira (f)	даьттадуьллург	[dættadullurg]
panela, caçarola (f)	яй	[jaj]
frigideira (f)	зайла	[zajl]
concha (f)	чами	[tʃamɪ]
passador (m)	луьттар	[luttar]
bandeja (f)	хедар	[hedar]
garrafa (f)	шиша	[ʃɪʃ]
boião (m) de vidro	банка	[baŋk]
lata (f)	банка	[baŋk]
abre-garrafas (m)	схьадоьллург	[shadøllurg]
abre-latas (m)	схьадоьллург	[shadøllurg]
saca-rolhas (m)	штопор	[ʃtɔpɔr]
filtro (m)	луьттург	[lutturg]
filtrar (vt)	литта	[lɪtt]
lixo (m)	нехаш	[nehaʃ]
balde (m) do lixo	нехийн ведар	[nehɪ:n wedar]

67. Casa de banho

quarto (m) de banho	ваннан чоь	[vannan tʃø]
água (f)	хи	[hɪ]
torneira (f)	кран	[kran]
água (f) quente	довха хи	[dɔvha hɪ]
água (f) fria	шийла хи	[ʃɪ:l hɪ]
pasta (f) de dentes	цергийн паста	[tsergɪ:n past]
escovar os dentes	цергаш цӏанъян	[tsergaʃ tsʼanʔjan]
barbear-se (vr)	даша	[daʃ]
espuma (f) de barbear	чопа	[tʃɔp]
máquina (f) de barbear	урс	[urs]
lavar (vt)	дила	[dɪl]
lavar-se (vr)	дила	[dɪl]
duche (m)	душ	[duʃ]
tomar um duche	лийча	[lɪ:tʃ]
banheira (f)	ванна	[van]
sanita (f)	унитаз	[unɪtaz]
lavatório (m)	раковина	[rakɔwɪn]
sabonete (m)	саба	[sab]
saboneteira (f)	сабадуьллург	[sabadullurg]
esponja (f)	худург	[hudurg]
champô (m)	шампунь	[ʃampunj]
toalha (f)	гата	[gat]
roupão (m) de banho	оба	[ɔb]
lavagem (f)	диттар	[dɪttar]
máquina (f) de lavar	хӏуманаш юьтту машина	[hʼumanaʃ juttu maʃɪn]

lavar a roupa	чухулаюху хӏуманаш йитта	[ʧuhulɑjuhu h'umɑnɑʃ jɪtt]
detergente (m)	хӏуманаш юьтту порошок	[h'umɑnɑʃ juttu pɔrɔʃɔk]

68. Eletrodomésticos

televisor (m)	телевизор	[telewɪzɔr]
gravador (m)	магнитофон	[mɑgnɪtɔfɔn]
videogravador (m)	видеомагнитофон	[wɪdeɔmɑgnɪtɔfɔn]
rádio (m)	приёмник	[prɪʲomnɪk]
leitor (m)	плеер	[plɛ'er]

projetor (m)	видеопроектор	[wɪdeɔprɔektɔr]
cinema (m) em casa	цӏахь лело кинотеатр	[ts'ɑh lelɔ kɪnɔteɑtr]
leitor (m) de DVD	DVD гойтург	[dɪwɪdɪ gɔjturg]
amplificador (m)	чӏаргӏдийриг	[ʧ'ɑɣdɪːrɪg]
console (f) de jogos	ловзаран приставка	[lɔvzɑrɑn prɪstɑvk]

câmara (f) de vídeo	видеокамера	[wɪdeɔkɑmer]
máquina (f) fotográfica	фотоаппарат	[fɔtɔɑpp ɑrɑt]
câmara (f) digital	цифровой фотоаппарат	[tsɪfrɔvɔj fɔtɔɑppɑrɑt]

aspirador (m)	чанъузург	[ʧɑn?uzurg]
ferro (m) de engomar	иту	[ɪtu]
tábua (f) de engomar	иту хьокху у	[ɪtu hɔqu u]

telefone (m)	телефон	[telefɔn]
telemóvel (m)	мобильни телефон	[mɔbɪljnɪ telefɔn]
máquina (f) de escrever	зорба туху машина	[zɔrb tuhu mɑʃɪn]
máquina (f) de costura	чарх	[ʧɑrh]

microfone (m)	микрофон	[mɪkrɔfɔn]
auscultadores (m pl)	ладугӏургаш	[lɑduɣurgɑʃ]
controlo remoto (m)	пульт	[puljt]

CD (m)	компакт-диск	[kɔmpɑkt dɪsk]
cassete (f)	кассета	[kɑsset]
disco (m) de vinil	пластинка	[plɑstɪnk]

ATIVIDADES HUMANAS

Emprego. Negócios. Parte 1

69. Escritório. O trabalho no escritório

escritório (~ de advogados)	офис	[ɔfɪs]
escritório (do diretor, etc.)	кабинет	[kabɪnet]
receção (f)	ресепшн	[resepʃn]
secretário (m)	секретарь	[sekretarʲ]
diretor (m)	директор	[dɪrektɔr]
gerente (m)	менеджер	[menedʒer]
contabilista (m)	бухгалтер	[buhgalter]
empregado (m)	къинхьегамча	[qʔɪnhegamtʃ]
mobiliário (m)	мебель	[mebelj]
mesa (f)	стол	[stɔl]
cadeira (f)	кресло	[kreslɔ]
bloco (m) de gavetas	тумбочка	[tumbɔtʃk]
cabide (m) de pé	бедаршъухкург	[bedarʃʔuhkurg]
computador (m)	компьютер	[kɔmpjʉter]
impressora (f)	принтер	[prɪnter]
fax (m)	факс	[faks]
fotocopiadora (f)	копи йоккху аппарат	[kɔpɪ jokqu apparat]
papel (m)	кехат	[kehat]
artigos (m pl) de escritório	канцелярин гӏирс	[kantseljarɪn ɣɪrs]
tapete (m) de rato	кузан цуьрг	[kuzan tsʉrg]
folha (f) de papel	кехат	[kehat]
pasta (f)	папка	[papk]
catálogo (m)	каталог	[katalɔg]
diretório (f) telefónico	справочник	[spravɔtʃnɪk]
documentação (f)	документаш	[dokumentaʃ]
brochura (f)	брошюра	[brɔʃʉr]
flyer (m)	кехат	[kehat]
amostra (f)	кеп	[kep]
formação (f)	ӏамор	[ˈamɔr]
reunião (f)	кхеташо	[qetaʃɔ]
hora (f) de almoço	делкъана садаӏар	[delqʔan sadaˈar]
fazer uma cópia	копи яккха	[kɔpɪ jakq]
tirar cópias	дарзо	[darʒɔ]
receber um fax	факс схьаэца	[faks shaəts]
enviar um fax	факс дӏайахьийта	[faks dʼajahɪːt]
fazer uma chamada	тоха	[tɔh]

responder (vt)	жоп дала	[ʒop dal]
passar (vt)	зIе таса	[z'e tas]
marcar (vt)	билгалдан	[bɪlgaldan]
demonstrar (vt)	демонстраци ян	[dɛmɔnstratsɪ jan]
estar ausente	ца хила	[tsa hɪl]
ausência (f)	чекхдалийтар	[ʧeqdalɪːtar]

70. Processos negociais. Parte 1

ocupação (f)	гIуллакх	[ɣullaq]
firma, empresa (f)	фирма	[fɪrm]
companhia (f)	компани	[kɔmpanɪ]
corporação (f)	корпораци	[kɔrpɔratsɪ]
empresa (f)	предприяти	[predprɪjatɪ]
agência (f)	агенство	[agenstvɔ]
acordo (documento)	барт	[bart]
contrato (m)	чIарIам	[ʧ'aɣam]
acordo (transação)	барт	[bart]
encomenda (f)	заказ	[zakaz]
cláusulas (f pl), termos (m pl)	биллам	[bɪllam]
por grosso (adv)	тупахь	[tʉpah]
por grosso (adj)	тупахь	[tʉpah]
venda (f) por grosso	тупахь дохка	[tʉpah dɔhk]
a retalho	дустуш духку	[dustuʃ duhku]
venda (f) a retalho	узуш дохка	[uzuʃ dɔhk]
concorrente (m)	къийсархо	[qʔɪːsarhɔ]
concorrência (f)	къийсам	[qʔɪːsam]
competir (vi)	къийса	[qʔɪːs]
sócio (m)	декъашхо	[deqʔaʃhɔ]
parceria (f)	дакъа лацар	[daqʔ latsar]
crise (f)	кризис	[krɪzɪs]
bancarrota (f)	банкрот хилар	[bankrɔt hɪlar]
entrar em falência	деккхарлахь диса	[deqarlah dɪs]
dificuldade (f)	хало	[halɔ]
problema (m)	проблема	[prɔblem]
catástrofe (f)	ирча бохам	[ɪrʧ bɔham]
economia (f)	экономика	[ɛkɔnɔmɪk]
económico	экономикин	[ɛkɔnɔmɪkɪn]
recessão (f) económica	экономикин лахдалар	[ɛkɔnɔmɪkɪn lahdalar]
objetivo (m)	Iалашо	['alaʃɔ]
tarefa (f)	деккхар	[deqar]
comerciar (vi, vt)	мах лело	[mah lelɔ]
rede (de distribuição)	туькнаш	[tʉknaʃ]
estoque (m)	склад	[sklad]
sortimento (m)	ассортимент	[assɔrtɪment]

líder (m)	лидер	[lɪder]
grande (~ empresa)	доккха	[dɔkq]
monopólio (m)	монополи	[mɔnɔpɔlɪ]
teoria (f)	теори	[teɔrɪ]
prática (f)	практика	[praktɪk]
experiência (falar por ~)	зеделларг	[zedellarg]
tendência (f)	тенденци	[tendentsɪ]
desenvolvimento (m)	кхиам	[qɪam]

71. Processos negociais. Parte 2

rentabilidade (f)	пайда	[pajd]
rentável	пайдан	[pajdan]
delegação (f)	векалш	[wekalʃ]
salário, ordenado (m)	белхан алапа	[belhan alap]
corrigir (um erro)	нисдан	[nɪsdan]
viagem (f) de negócios	командировка	[kɔmandɪrɔvk]
comissão (f)	комисси	[kɔmɪssɪ]
controlar (vt)	тӏехьажа	[tʼehaʒ]
conferência (f)	конференци	[kɔnferentsɪ]
licença (f)	лицензи	[lɪtsenzɪ]
confiável	тешаме	[teʃame]
empreendimento (m)	дӏадолор	[dʼadɔlɔr]
norma (f)	барам	[baram]
circunstância (f)	хьал	[hal]
dever (m)	деккхар	[deqar]
empresa (f)	организаци	[ɔrganɪzatsɪ]
organização (f)	вовшахтохар	[vɔvʃahtɔhar]
organizado	вовшахкхетта	[vɔvʃahqett]
anulação (f)	дӏадаккхар	[dʼadakqar]
anular, cancelar (vt)	дӏадаккха	[dʼadakq]
relatório (m)	отчёт	[ɔtt͡ʃʼot]
patente (f)	патент	[patent]
patentear (vt)	патент ян	[patent jan]
planear (vt)	план хӏотто	[plan hʼɔttɔ]
prémio (m)	совгӏат	[sɔvʁat]
profissional	корматаллин	[kɔrmatallɪn]
procedimento (m)	кеп	[kep]
examinar (a questão)	къасто	[qʔastɔ]
cálculo (m)	ларар	[larar]
reputação (f)	репутаци	[reputatsɪ]
risco (m)	кхерам	[qeram]
dirigir (~ uma empresa)	куьйгаллз дан	[kyjgallz dan]
informação (f)	хабар	[habar]
propriedade (f)	долалла	[dɔlall]

união (f)	барт	[bart]
seguro (m) de vida	дахаран страховани яр	[daharan strahovanɪ jar]
fazer um seguro	страховани ян	[strahovanɪ jan]
seguro (m)	страховка	[strahovk]
leilão (m)	кхайкхош дохкар	[qajqɔʃ dɔhkar]
notificar (vt)	дlахаийта	[d'ahaɪːt]
gestão (f)	лелор	[lelɔr]
serviço (indústria de ~s)	гlуллакх	[ɣullaq]
fórum (m)	гулам	[gulam]
funcionar (vi)	болх бан	[bɔlh ban]
estágio (m)	мур	[mur]
jurídico	юридически	[jurɪdɪtʃeskɪ]
jurista (m)	юрист	[jurɪst]

72. Produção. Trabalhos

usina (f)	завод	[zavɔd]
fábrica (f)	фабрика	[fabrɪk]
oficina (f)	цех	[tseh]
local (m) de produção	производство	[prɔɪzvɔdstvɔ]
indústria (f)	промышленность	[prɔmɪʃlenɔstʲ]
industrial	промышленни	[prɔmɪʃlenɪ]
indústria (f) pesada	еза промышленность	[ez prɔmɪʃlenɔstʲ]
indústria (f) ligeira	яйн промышленность	[jajn prɔmɪʃlenɔstʲ]
produção (f)	сурсат	[sursat]
produzir (vt)	дан	[dan]
matérias-primas (f pl)	аьргалла	[ærgall]
chefe (m) de brigada	бригадир	[brɪgadɪr]
brigada (f)	бригада	[brɪgad]
operário (m)	белхало	[belhalɔ]
dia (m) de trabalho	белхан де	[belhan de]
pausa (f)	садалап	[sada'ar]
reunião (f)	гулам	[gulam]
discutir (vt)	дийцаре дилла	[dɪːtsare dɪll]
plano (m)	план	[plan]
cumprir o plano	план кхочушян	[plan qotʃuʃan]
taxa (f) de produção	барам	[baram]
qualidade (f)	дикалла	[dɪkall]
controlo (m)	контроль	[kɔntrɔlj]
controlo (m) da qualidade	дикаллан контроль	[dɪkallan kɔntrɔlj]
segurança (f) no trabalho	белхан кхерамзалла	[belhan qeramzall]
disciplina (f)	низам	[nɪzam]
infração (f)	дохор	[dɔhor]
violar (as regras)	дохо	[dɔho]
greve (f)	забастовка	[zabastɔvk]
grevista (m)	забастовкахо	[zabastɔvkaho]

estar em greve	забастовка ян	[zabastɔvk jan]
sindicato (m)	профсоюз	[prɔfsɔjuz]
inventar (vt)	кхолла	[qɔll]
invenção (f)	кхоллар	[qɔllar]
pesquisa (f)	таллар	[tallar]
melhorar (vt)	тадан	[tadan]
tecnologia (f)	технологи	[tehnɔlɔgɪ]
desenho (m) técnico	чертёж	[tʃertʲɔʒ]
carga (f)	мохь	[mɔh]
carregador (m)	киранча	[kɪrantʃ]
carregar (vt)	тӏедотта	[tʼedɔtt]
carregamento (m)	тӏедоттар	[tʼedɔttar]
descarregar (vt)	дассо	[dassɔ]
descarga (f)	дассор	[dassɔr]
transporte (m)	транспорт	[transpɔrt]
companhia (f) de transporte	транспортан компани	[transpɔrtan kɔmpanɪ]
transportar (vt)	дӏакхехьа	[dʼaqeh]
vagão (m) de carga	вагон	[vagɔn]
cisterna (f)	цистерна	[tsɪstern]
camião (m)	киранийн машина	[kɪranɪːn maʃɪn]
máquina-ferramenta (f)	станок	[stanɔk]
mecanismo (m)	механизм	[mehanɪzm]
resíduos (m pl) industriais	даххаш	[dahaʃ]
embalagem (f)	дӏахьарчор	[dʼahartʃɔr]
embalar (vt)	дӏахьарчо	[dʼahartʃɔ]

73. Contrato. Acordo

contrato (m)	чӏарӏам	[tʃʼaɣam]
acordo (m)	барт	[bart]
adenda (f), anexo (m)	тӏедалар	[tʼedalar]
assinar o contrato	чӏарӏам бан	[tʃʼaɣam ban]
assinatura (f)	куьг	[kɥg]
assinar (vt)	куьг таӏо	[kɥg taʼɔ]
carimbo (m)	мухӏар	[muhʼar]
objeto (m) do contrato	договаран хӏума	[dɔgɔvaran hʼum]
cláusula (f)	пункт	[punkt]
partes (f pl)	агӏонаш	[ʼaɣɔnaʃ]
morada (f) jurídica	юридически адрес	[jurɪdɪtʃeskɪ adres]
violar o contrato	контракт дохо	[kɔntrakt dɔhɔ]
obrigação (f)	тӏелацам	[tʼelatsam]
responsabilidade (f)	жоьпалла	[ʒøpall]
força (f) maior	форс-мажор	[fɔrs maʒɔr]
litígio (m), disputa (f)	къовсам	[qʔɔvsam]
multas (f pl)	гӏуданан санкциш	[ɣudanan sanktsɪʃ]

74. Importação & Exportação

importação (f)	импорт	[ɪmpɔrt]
importador (m)	импортхо	[ɪmpɔrtho]
importar (vt)	импорт ян	[ɪmpɔrt jɑn]
de importação	импортан	[ɪmpɔrtɑn]
exportador (m)	экспортхо	[ɛkspɔrtho]
exportar (vt)	экспорт ян	[ɛkspɔrt jɑn]
mercadoria (f)	товар	[tɔvɑr]
lote (de mercadorias)	жут	[ʒut]
peso (m)	дозалла	[dɔzɑll]
volume (m)	дукхалла	[duqɑll]
metro (m) cúbico	кубически метр	[kubɪtʃeskɪ metr]
produtor (m)	арахоьцург	[ɑrɑhøtsurg]
companhia (f) de transporte	транспортан компани	[trɑnspɔrtɑn kɔmpɑnɪ]
contentor (m)	контейнер	[kɔntejner]
fronteira (f)	доза	[dɔz]
alfândega (f)	таможни	[tɑmɔʒnɪ]
taxa (f) alfandegária	таможнин ял	[tɑmɔʒnɪn jɑl]
funcionário (m) da alfândega	таможхо	[tɑmɔʒho]
contrabando (atividade)	контрабанда	[kɔntrɑbɑnd]
contrabando (produtos)	контрабанда	[kɔntrɑbɑnd]

75. Finanças

ação (f)	акци	[ɑktsɪ]
obrigação (f)	облигаци	[ɔblɪgɑtsɪ]
nota (f) promissória	вексель	[wekselj]
bolsa (f)	биржа	[bɪrʒ]
cotação (m) das ações	акцин мах	[ɑktsɪn mɑh]
tornar-se mais barato	дайдала	[dɑjdɑl]
tornar-se mais caro	даздала	[dɑzdɑl]
participação (f) maioritária	контролан пакет	[kɔntrɔlɑn pɑket]
investimento (m)	инвестици	[ɪnwestɪtsɪ]
investir (vt)	инвестици ян	[ɪnwestɪtsɪ jɑn]
percentagem (f)	процент	[prɔtsent]
juros (m pl)	ял	[jɑl]
lucro (m)	пайда	[pɑjd]
lucrativo	пайде	[pɑjde]
imposto (m)	налог	[nɑlɔg]
divisa (f)	валюта	[vɑlʉt]
nacional	къаьмнийн	[qʔæmnɪːn]
câmbio (m)	хийцар	[hɪːtsɑr]

contabilista (m)	бухгалтер	[buhgalter]
contabilidade (f)	бухгалтери	[buhgalterɪ]
bancarrota (f)	банкрот хилар	[bankrɔt hɪlar]
falência (f)	хӀаллакъхилар	[h'allaq?ɪlar]
ruína (f)	даькъаздаккхар	[dæq?azdakqar]
arruinar-se (vr)	даькъаздала	[dæq?azdal]
inflação (f)	инфляци	[ɪnfljaʦɪ]
desvalorização (f)	девальваци	[devaljvaʦɪ]
capital (m)	капитал	[kapɪtal]
rendimento (m)	пайда	[pajd]
volume (m) de negócios	го баккхар	[gɔ bakqar]
recursos (m pl)	тӀаьхьалонаш	[t'æhalɔnaʃ]
recursos (m pl) financeiros	ахча	[ahʧ]
reduzir (vt)	жимдан	[ʒɪmdan]

76. Marketing

marketing (m)	маркетинг	[marketɪng]
mercado (m)	рынок	[rɪnɔk]
segmento (m) do mercado	рынкан сегмент	[rɪnkan segment]
produto (m)	сурсат	[sursat]
mercadoria (f)	товар	[tɔvar]
marca (f)	бренд	[brend]
marca (f) comercial	механ марка	[mehan mark]
logotipo (m)	фирмин хьаьрк	[fɪrmɪn hærk]
logo (m)	логотип	[lɔgɔtɪp]
demanda (f)	хьашт хилар	[haʃt hɪlar]
oferta (f)	предложени	[predlɔʒenɪ]
necessidade (f)	хьашто	[haʃtɔ]
consumidor (m)	хьаштхо	[haʃthɔ]
análise (f)	анализ	[analɪz]
analisar (vt)	анализ ян	[analɪz jan]
posicionamento (m)	позиционировани	[pɔzɪʦɪɔnɪrɔvanɪ]
posicionar (vt)	позиционировать ян	[pɔzɪʦɪɔnɪrɔvat' jan]
preço (m)	мах	[mah]
política (f) de preços	механ политика	[mehan pɔlɪtɪk]
formação (f) de preços	мах хилар	[mah hɪlar]

77. Publicidade

publicidade (f)	реклама	[reklam]
publicitar (vt)	реклама ян	[reklam jan]
orçamento (m)	бюджет	[buʤet]
anúncio (m) publicitário	кхайкхор	[qajqɔr]
publicidade (f) televisiva	телереклама	[telereklam]

| publicidade (f) na rádio | радион реклама | [radɔn reklam] |
| publicidade (f) exterior | арахьара реклама | [arahar reklam] |

comunicação (f) de massa	массийн хааман гӏирс	[massɪ:n ha:man ɣɪrs]
periódico (m)	муьран арахецнарг	[mʉran arahetsnarg]
imagem (f)	имидж	[ɪmɪdʒ]

| slogan (m) | лозунг | [lɔzung] |
| mote (m), divisa (f) | девиз | [dewɪz] |

campanha (f)	кампани	[kampanɪ]
companha (f) publicitária	рекламан кампани	[reklaman kampanɪ]
grupo (m) alvo	ӏалашонан аудитори	['alaʃɔnan 'audɪtɔrɪ]

cartão (m) de visita	визитан карта	[wɪzɪtan kart]
flyer (m)	кехат	[kehat]
brochura (f)	брошюра	[brɔʃʉr]
folheto (m)	буклет	[buklet]
boletim (~ informativo)	бюллетень	[bʉlletenj]

letreiro (m)	гойтург	[gɔjturg]
cartaz, póster (m)	плакат	[plakat]
painel (m) publicitário	рекламан у	[reklaman u]

78. Banca

| banco (m) | банк | [bank] |
| sucursal, balcão (f) | отделени | [ɔtdelenɪ] |

| consultor (m) | консультант | [kɔnsuljtant] |
| gerente (m) | урхалхо | [urhalho] |

conta (f)	счёт	[stʃot]
número (m) da conta	чотан номер	[tʃotan nɔmer]
conta (f) corrente	карара чот	[karar tʃot]
conta (f) poupança	накопительни чот	[nakɔpɪteljnɪ tʃot]

abrir uma conta	чот схьайелла	[tʃot shajell]
fechar uma conta	чот дӏакъовла	[tʃot d'aqʔovl]
depositar na conta	счёт тӏедилла	[stʃot t'edɪll]
levantar (vt)	счёт тӏера схьаэца	[stʃot t'er sha'ɛts]

depósito (m)	диллар	[dɪllar]
fazer um depósito	дилла	[dɪll]
transferência (f) bancária	дахьийтар	[dahɪ:tar]
transferir (vt)	дахьийта	[dahɪ:t]

| soma (f) | жамӏ | [ʒam'] |
| Quanto? | Мел? | [mel] |

assinatura (f)	куьг	[kʉg]
assinar (vt)	куьг тӏало	[kʉg ta'ɔ]
cartão (m) de crédito	кредитан карта	[kredɪtan kart]
código (m)	код	[kɔd]

| número (m) do cartão de crédito | кредитан картан номер | [kredɪtan kartan nɔmer] |
| Caixa Multibanco (m) | банкомат | [bankɔmat] |

cheque (m)	чек	[ʧek]
passar um cheque	чек язъян	[ʧek jaz?jan]
livro (m) de cheques	чекан книшка	[ʧekan knɪʃk]

empréstimo (m)	кредит	[kredɪt]
pedir um empréstimo	кредит дехар	[kredɪt dehar]
obter um empréstimo	кредит эца	[kredɪt ɛts]
conceder um empréstimo	кредит далар	[kredɪt dalar]
garantia (f)	юкъархилар	[juqʔarhɪlar]

79. Telefone. Conversação telefónica

telefone (m)	телефон	[telefɔn]
telemóvel (m)	мобильни телефон	[mɔbɪljnɪ telefɔn]
secretária (f) electrónica	автоответчик	[avtə'otwetʧɪk]

| fazer uma chamada | детта | [dett] |
| chamada (f) | горгали | [gɔrgalɪ] |

marcar um número	номер эца	[nɔmer ɛts]
Alô!	Алло!	[allɔ]
perguntar (vt)	хатта	[hatt]
responder (vt)	жоп дала	[ʒɔp dal]

ouvir (vt)	хаза	[haz]
bem	дика ду	[dɪk du]
mal	вон ду	[vɔn du]
ruído (m)	новкъарлонаш	[nɔvqʔarlɔnaʃ]

auscultador (m)	луьлла	[lʉll]
pegar o telefone	луьлла эца	[lʉll ɛts]
desligar (vi)	луьлла охьайилла	[lʉll ɔhajɪll]

ocupado	мукъа доцу	[muqʔ dɔtsu]
tocar (vi)	етта	[ett]
lista (f) telefónica	телефонан книга	[telefɔnan knɪg]

chamada (f) local	меттигара	[mettɪgar]
de longa distância	гIаланашна юккъера	[ɣalanaʃn jukqʔer]
internacional	гIаланашна юккъера	[ɣalanaʃn jukqʔer]

80. Telefone móvel

telemóvel (m)	мобильни телефон	[mɔbɪljnɪ telefɔn]
ecrã (m)	дисплей	[dɪsplej]
botão (m)	кнопка	[knɔpk]
cartão SIM (m)	SIM-карта	[sɪm kart]
bateria (f)	батарей	[batarej]

descarregar-se	кхачадала	[qatʃadal]
carregador (m)	юзаран гӏирс	[juzaran ɣɪrs]
menu (m)	меню	[menʉ]
definições (f pl)	настройкаш	[nastrɔjkaʃ]
melodia (f)	мукъам	[muqʔam]
escolher (vt)	харжа	[harʒ]
calculadora (f)	калькулятор	[kaljkuljatɔr]
correio (m) de voz	автоответчик	[avtɛ'ɔtwetʃɪk]
despertador (m)	сомавоккху сахьт	[sɔmavɔkqu saht]
contatos (m pl)	телефонан книга	[telefɔnan knɪg]
mensagem (f) de texto	SMS-хаам	[ɛsɛmɛs ha'am]
assinante (m)	абонент	[abɔnent]

81. Estacionário

caneta (f)	авторучка	[avtɔrutʃk]
caneta (f) tinteiro	перо	[perɔ]
lápis (m)	къолам	[qʔɔlam]
marcador (m)	маркер	[marker]
caneta (f) de feltro	фломастер	[flɔmaster]
bloco (m) de notas	блокнот	[blɔknɔt]
agenda (f)	ежедневник	[eʒednevnɪk]
régua (f)	линейка	[lɪnejk]
calculadora (f)	калькулятор	[kaljkuljatɔr]
borracha (f)	ластиг	[læstɪg]
pionés (m)	кнопка	[knɔpk]
clipe (m)	маӏар	[ma'ar]
cola (f)	клей	[klej]
agrafador (m)	степлер	[stepler]
furador (m)	іуьргашдохург	['ʉrgaʃdɔhurg]
afia-lápis (m)	точилк	[tɔtʃɪlk]

82. Tipos de negócios

serviços (m pl) de contabilidade	бухгалтерин гӏуллакхаш	[buhgalterɪn ɣullaqaʃ]
publicidade (f)	реклама	[reklam]
agência (f) de publicidade	рекламан агенталла	[reklaman agentall]
ar (m) condicionado	кондиционераш	[kɔndɪtsɪɔneraʃ]
companhia (f) aérea	авиакомпани	[awɪakɔmpanɪ]
bebidas (f pl) alcoólicas	спиртан маларш	[spɪrtan malarʃ]
comércio (m) de antiguidades	антиквариат	[antɪkvarɪat]
galeria (f) de arte	галерей	[galerej]
serviços (m pl) de auditoria	аудитаран гӏуллакхаш	['audɪtaran ɣullaqaʃ]

negócios (m pl) bancários	банкан бизнес	[bankan bɪznes]
bar (m)	бар	[bar]
salão (m) de beleza	хазаллан салон	[hazallan salɔn]
livraria (f)	кнӣшкийн туька	[knɪʃkɪːn tʉk]
cervejaria (f)	йийн доккху меттиг	[jɪːn dɔkqu mettɪg]
centro (m) de escritórios	бизнес-центр	[bɪznes tsentr]
escola (f) de negócios	бизнес-школа	[bɪznes ʃkɔl]

casino (m)	казино	[kazɪnɔ]
construção (f)	гӏишло яр	[ɣɪʃlo jar]
serviços (m pl) de consultoria	консалтинг	[kɔnsaltɪng]

estomatologia (f)	стоматологи	[stɔmatɔlɔgɪ]
design (m)	дизайн	[dɪzajn]
farmácia (f)	аптека	[aptek]
lavandaria (f)	химцӏандар	[hɪmts'andar]
agência (f) de emprego	кадрашха агенталла	[kadraʃha agentall]

serviços (m pl) financeiros	финансийн гӏуллакхаш	[fɪnansɪːn ɣullaqaʃ]
alimentos (m pl)	сурсаташ	[sursataʃ]
agência (f) funerária	велчан ламаста ден бюро	[weltʃan lamast den bʉrɔ]
mobiliário (m)	мебель	[mebelj]
roupa (f)	бедар	[bedar]
hotel (m)	хьешийн цӏа	[heʃɪːn ts'a]

gelado (m)	морожени	[mɔrɔʒenɪ]
indústria (f)	промышленность	[prɔmɪʃlenɔstʲ]
seguro (m)	страхована	[strahɔvan]
internet (f)	интернет	[ɪnternet]
investimento (m)	инвестици	[ɪnwestɪtsɪ]

joalheiro (m)	ювелир	[juwelɪr]
joias (f pl)	ювелиран хӏуманаш	[juwelɪran h'umanaʃ]
lavandaria (f)	прачечни	[pratʃetʃnɪ]
serviços (m pl) jurídicos	юридически гӏуллакхаш	[jurɪdɪtʃeskɪ ɣullaqaʃ]
indústria (f) ligeira	яйн промышленность	[jajn prɔmɪʃlenɔstʲ]

revista (f)	журнал	[ʒurnal]
vendas (f pl) por catálogo	каталог тӏехула махлелор	[katalɔg t'ehul mahlelɔr]
medicina (f)	медицина	[medɪtsɪn]
cinema (m)	кинотеатр	[kɪnɔteatr]
museu (m)	музей	[muzej]

agência (f) de notícias	информацин агенталла	[ɪnfɔrmatsɪn agentall]
jornal (m)	газета	[gazet]
clube (m) noturno	буьйсанан клуб	[bʉjsanan klub]

petróleo (m)	нефть	[neftʲ]
serviço (m) de encomendas	курьеран гӏуллакх	[kurjeran ɣullaq]
indústria (f) farmacêutica	фармацевтика	[farmatsevtɪk]
poligrafia (f)	полиграфи	[pɔlɪgrafɪ]
editora (f)	издательство	[ɪzdateljstvɔ]

| rádio (m) | радио | [radɪɔ] |
| imobiliário (m) | ара-чу ца баккхалун бахам | [ara tʃu tsɐ bakqalun baham] |

restaurante (m)	ресторан	[restoran]
empresa (f) de segurança	ха ден агенталла	[ha den agentall]
desporto (m)	спорт	[sport]
bolsa (f)	биржа	[bɪrʒ]
loja (f)	туька	[tʉk]
supermercado (m)	супермаркет	[supermarket]
piscina (f)	бассейн	[bassejn]
alfaiataria (f)	ателье	[atelje]
televisão (f)	телевидени	[telewɪdenɪ]
teatro (m)	театр	[teatr]
comércio (atividade)	махлелор	[mahlelɔr]
serviços (m pl) de transporte	дӀадахьарш	[d'adaharʃ]
viagens (f pl)	туризм	[turɪzm]
veterinário (m)	ветеринар	[weterɪnar]
armazém (m)	склад	[sklad]
recolha (f) do lixo	нехаш аракхехьар	[nehaʃ araqehar]

Emprego. Negócios. Parte 2

83. Espetáculo. Feira

Português	Checheno	Transcrição
feira (f)	гайтам	[gajtam]
feira (f) comercial	махбаран гайта хIоттор	[mahbaran gajt hʼɔttɔr]
participação (f)	дакъа лацар	[daqʔ latsar]
participar (vi)	дакъа лаца	[daqʔ lats]
participante (m)	декъашхо	[deqʔaʃho]
diretor (m)	директор	[dɪrektɔr]
direção (f)	дирекци, оргкомитет	[dɪrektsɪ], [ɔrgkɔmɪtet]
organizador (m)	вовшахтохархо	[vɔvʃahtɔharhɔ]
organizar (vt)	вовшахтоха	[vɔvʃahtɔh]
ficha (f) de inscrição	дакъа лацар дIахьедан	[daqʔ latsar dʼahedan]
preencher (vt)	яздан	[jazdan]
detalhes (m pl)	деталаш	[detalaʃ]
informação (f)	хаам	[haʼam]
preço (m)	мах	[mah]
incluindo	тIехь	[tʼeh]
incluir (vt)	юкъадало	[juqʔadalɔ]
pagar (vt)	ахча дала	[ahtʃ dal]
taxa (f) de inscrição	регистрацин ахча далар	[regɪstratsɪn ahtʃ dalar]
entrada (f)	чуPIойла	[tʃʼuɣɔjl]
pavilhão (m)	павильон	[pawɪljʼɔn]
inscrever (vt)	регистраци ян	[regɪstratsɪ jan]
crachá (m)	бэдж	[bɛdʒ]
stand (m)	гайтаман стенд	[gajtaman stend]
reservar (vt)	бронь ян	[brɔnj jan]
vitrina (f)	витрина	[wɪtrɪn]
foco, spot (m)	къуьда	[qʔʉd]
design (m)	дизайн	[dɪzajn]
pôr, colocar (vt)	хила	[hɪl]
distribuidor (m)	дистрибьютор	[dɪstrɪbjʉtɔr]
fornecedor (m)	латторг	[lattɔrg]
país (m)	мохк	[mɔhk]
estrangeiro	кхечу мехкан	[qetʃu mehkan]
produto (m)	сурсат	[sursat]
associação (f)	цхьаьнакхетар	[tshænaqetar]
sala (f) de conferências	конференц-зал	[kɔnferents zal]
congresso (m)	конгресс	[kɔngress]

concurso (m)	конкурс	[kɔnkurs]
visitante (m)	оьхург	[øhurg]
visitar (vt)	хьажа даха	[haʒ dah]
cliente (m)	заказхо	[zakazho]

84. Ciência. Investigação. Cientistas

ciência (f)	Iилма	['ɪlm]
científico	Iилманан	['ɪlmanan]
cientista (m)	дешна	[deʃn]
teoria (f)	теори	[teɔrɪ]
axioma (m)	аксиома	[aksɪɔm]
análise (f)	анализ	[analɪz]
analisar (vt)	анализ ян	[analɪz jan]
argumento (m)	аргумент	[argument]
substância (f)	хIума	[h'um]
hipótese (f)	гипотеза	[gɪpɔtez]
dilema (m)	дилемма	[dɪlemm]
tese (f)	диссертаци	[dɪssertatsɪ]
dogma (m)	догма	[dɔgm]
doutrina (f)	доктрина	[dɔktrɪn]
pesquisa (f)	таллар	[tallar]
pesquisar (vt)	талла	[tall]
teste (m)	контроль	[kɔntrɔlj]
laboratório (m)	лаборатори	[labɔratɔrɪ]
método (m)	некъ	[neqʔ]
molécula (f)	молекула	[mɔlekul]
monitoramento (m)	мониторинг	[mɔnɪtɔrɪng]
descoberta (f)	гучудаккхар	[gutʃudakqar]
postulado (m)	постулат	[pɔstulat]
princípio (m)	принцип	[prɪntsɪp]
prognóstico (previsão)	прогноз	[prɔgnɔz]
prognosticar (vt)	прогноз ян	[prɔgnɔz jan]
síntese (f)	синтез	[sɪntez]
tendência (f)	тенденци	[tendentsɪ]
teorema (m)	теорема	[teɔrem]
ensinamentos (m pl)	хьехар	[hehar]
facto (m)	хилларг	[hɪllarg]
expedição (f)	экспедици	[ɛkspedɪtsɪ]
experiência (f)	эксперимент	[ɛkspɛrɪment]
académico (m)	академик	[akademɪk]
bacharel (m)	бакалавр	[bakalavr]
doutor (m)	доктор	[dɔktɔr]
docente (m)	доцент	[dɔtsent]
mestre (m)	магистр	[magɪstr]
professor (m) catedrático	профессор	[prɔfessɔr]

Profissões e ocupações

85. Procura de emprego. Demissão

trabalho (m)	болх	[bɔlh]
equipa (f)	штат	[ʃtat]
carreira (f)	карьера	[karjer]
perspetivas (f pl)	перспектива	[perspektɪv]
mestria (f)	говзалла	[gɔvzall]
seleção (f)	харжар	[harʒar]
agência (f) de emprego	кадрашха агенталла	[kadraʃha agentall]
CV, currículo (m)	резюме	[rezʉme]
entrevista (f) de emprego	къамел дар	[qʔamel dar]
vaga (f)	ваканси	[vakansɪ]
salário (m)	алапа	[alap]
salário (m) fixo	алапа	[alap]
pagamento (m)	алапа далар	[alap dalar]
posto (m)	гӀуллакх	[ɣullaq]
dever (do empregado)	декхар	[deqar]
gama (f) de deveres	нах	[nah]
ocupado	мукъаза	[muqʔaz]
despedir, demitir (vt)	дӀадаккха	[dʼadakq]
demissão (f)	дӀадаккхар	[dʼadakqar]
desemprego (m)	белхазалла	[belhazall]
desempregado (m)	белхазхо	[belhazho]
reforma (f)	пенси	[pensɪ]
reformar-se	пенси ваха	[pensɪ vah]

86. Gente de negócios

diretor (m)	директор	[dɪrektɔr]
gerente (m)	урхалхо	[urhalhо]
patrão, chefe (m)	куьйгалхо, шеф	[kʉjgalho], [ʃef]
superior (m)	хьаькам	[hækam]
superiores (m pl)	хьаькамаш	[hækamaʃ]
presidente (m)	паччахь	[patʃah]
presidente (m) de direção	председатель	[predsedatelj]
substituto (m)	когаметтаниг	[kɔgamettanɪg]
assistente (m)	гӀоьнча	[ɣøntʃ]
secretário (m)	секретарь	[sekretarʲ]

secretário (m) pessoal	долахь волу секретарь	[dɔlah vɔlu sekretarʲ]
homem (m) de negócios	бизнесхо	[bɪzneshɔ]
empresário (m)	хьуьнарча	[hʉnartʃ]
fundador (m)	диллинарг	[dɪllɪnarg]
fundar (vt)	дилла	[dɪll]
fundador, sócio (m)	кхоллархо	[qɔllarhɔ]
parceiro, sócio (m)	декъашхо	[deqʔaʃhɔ]
acionista (m)	акци эрг	[aktsɪ erg]
milionário (m)	миллионхо	[mɪllɪɔnhɔ]
bilionário (m)	миллиардхо	[mɪllɪardhɔ]
proprietário (m)	да	[d]
proprietário (m) de terras	лаьттада	[læːttad]
cliente (m)	клиент	[klɪent]
cliente (m) habitual	даимлера клиент	[daɪmler klɪent]
comprador (m)	эцархо	[ɛtsarhɔ]
visitante (m)	оьхург	[øhurg]
profissional (m)	говзанча	[gɔvzantʃ]
perito (m)	эксперт	[ɛkspert]
especialista (m)	говзанча	[gɔvzantʃ]
banqueiro (m)	банкир	[bankɪr]
corretor (m)	брокер	[brɔker]
caixa (m, f)	кассир	[kassɪr]
contabilista (m)	бухгалтер	[buhgalter]
guarda (m)	хехо	[hehɔ]
investidor (m)	инвестор	[ɪnwestɔr]
devedor (m)	декхархо	[deqarhɔ]
credor (m)	кредитор	[kredɪtɔr]
mutuário (m)	декхархо	[deqarhɔ]
importador (m)	импортхо	[ɪmpɔrthɔ]
exportador (m)	экспортхо	[ɛkspɔrthɔ]
produtor (m)	арахоьцург	[arahøtsurg]
distribuidor (m)	дистрибьютор	[dɪstrɪbjʉtɔr]
intermediário (m)	юкъарлонча	[juqʔarlɔntʃ]
consultor (m)	консультант	[kɔnsuljtant]
representante (m)	векал	[wekal]
agente (m)	агент	[agent]
agente (m) de seguros	страховкин агент	[strahovkɪn agent]

87. Profissões de serviços

cozinheiro (m)	кхачанхо	[qatʃanhɔ]
cozinheiro chefe (m)	шеф-кхачанхо	[ʃef qatʃanhɔ]
padeiro (m)	пурнхо	[purnhɔ]
barman (m)	бармен	[barmen]

empregado (m) de mesa	официант	[ɔfɪtsɪɑnt]
empregada (f) de mesa	официантка	[ɔfɪtsɪɑntk]
advogado (m)	хьехамча	[hehamtʃ]
jurista (m)	юрист	[jurɪst]
notário (m)	нотариус	[nɔtɑrɪus]
eletricista (m)	монтер	[mɔnter]
canalizador (m)	сантехник	[sɑntehnɪk]
carpinteiro (m)	дечиг-пхьар	[detʃɪg phɑr]
massagista (m)	массажхо	[mɑssaʒhо]
massagista (f)	массажхо	[mɑssaʒhо]
médico (m)	лор	[lɔr]
taxista (m)	таксист	[tɑksɪst]
condutor (automobilista)	шофер	[ʃɔfer]
entregador (m)	курьер	[kurjer]
camareira (f)	хIусамча	[h'usamtʃ]
guarda (m)	хехо	[heho]
hospedeira (f) de bordo	стюардесса	[stʉɑrdess]
professor (m)	хьехархо	[hehɑrhɔ]
bibliotecário (m)	библиотекахо	[bɪblɪɔtekɑhо]
tradutor (m)	талмаж	[tɑlmaʒ]
intérprete (m)	талмаж	[tɑlmaʒ]
guia (pessoa)	гид	[gɪd]
cabeleireiro (m)	парикмахер	[pɑrɪkmɑher]
carteiro (m)	почтальон	[pɔtʃtɑlj'ɔn]
vendedor (m)	йохкархо	[johkɑrhɔ]
jardineiro (m)	бешахо	[beʃɑhо]
criado (m)	ялхо	[jɑlhо]
criada (f)	ялхо	[jɑlhо]
empregada (f) de limpeza	цIанонча	[ts'ɑnɔntʃ]

88. Profissões militares e postos

soldado (m) raso	моIгIарера	[mɔɣɑrerɑ]
sargento (m)	сержант	[serʒɑnt]
tenente (m)	лейтенант	[lejtenɑnt]
capitão (m)	капитан	[kɑpɪtɑn]
major (m)	майор	[mɑjor]
coronel (m)	полковник	[pɔlkɔvnɪk]
general (m)	инарла	[ɪnɑrl]
marechal (m)	маршал	[mɑrʃɑl]
almirante (m)	адмирал	[ɑdmɪrɑl]
militar (m)	тIеман	[t'emɑn]
soldado (m)	салти	[sɑltɪ]
oficial (m)	эпсар	[ɛpsɑr]

comandante (m)	командир	[kɔmandɪr]
guarda (m) fronteiriço	дозанхо	[dɔzanhɔ]
operador (m) de rádio	радиохаамхо	[radɪɔhaʼamhɔ]
explorador (m)	талламхо	[tallamhɔ]
sapador (m)	сапёр	[sapʲor]
atirador (m)	кхоссархо	[qɔssarhɔ]
navegador (m)	штурман	[ʃturman]

89. Oficiais. Padres

rei (m)	паччахь	[patʃah]
rainha (f)	зуда-паччахь	[zud patʃah]
príncipe (m)	принц	[prɪnts]
princesa (f)	принцесса	[prɪntsess]
czar (m)	паччахь	[patʃah]
czarina (f)	зуда-паччахь	[zud patʃah]
presidente (m)	паччахь	[patʃah]
ministro (m)	министр	[mɪnɪstr]
primeiro-ministro (m)	примьер-министр	[prɪmjer mɪnɪstr]
senador (m)	сенатхо	[senathɔ]
diplomata (m)	дипломат	[dɪplɔmat]
cônsul (m)	консул	[kɔnsul]
embaixador (m)	векал	[wekal]
conselheiro (m)	хьехамча	[hehamtʃ]
funcionário (m)	чиновник	[tʃɪnɔvnɪk]
prefeito (m)	префект	[prefekt]
Presidente (m) da Câmara	мэр	[mɛr]
juiz (m)	суьдхо	[sʉdhɔ]
procurador (m)	прокурор	[prɔkurɔr]
missionário (m)	миссионер	[mɪssɪɔner]
monge (m)	монах	[mɔnah]
abade (m)	аббат	[abbat]
rabino (m)	равин	[rawɪn]
vizir (m)	визирь	[wɪzɪrʲ]
xá (m)	шах	[ʃah]
xeque (m)	шайх	[ʃajh]

90. Profissões agrícolas

apicultor (m)	накхарамозийлелорхо	[naqaramɔzɪːlelɔrhɔ]
pastor (m)	Iу	[ʼu]
agrónomo (m)	агроном	[agrɔnɔm]
criador (m) de gado	даьхнийлелорхо	[dæhnɪːlelɔrhɔ]
veterinário (m)	ветеринар	[weterɪnar]

agricultor (m)	фермер	[fermer]
vinicultor (m)	чаґІардоккхург	[tʃaɣardɔkqurg]
zoólogo (m)	зоолог	[zoʻolɔg]
cowboy (m)	ковбой	[kɔvbɔj]

91. Profissões artísticas

ator (m)	актёр	[aktʲor]
atriz (f)	актриса	[aktrɪs]

cantor (m)	эшархо	[ɛʃarhɔ]
cantora (f)	эшархо	[ɛʃarhɔ]

bailarino (m)	хелхархо	[helharhɔ]
bailarina (f)	хелхархо	[helharhɔ]

artista (m)	артист	[artɪst]
artista (f)	артист	[artɪst]

músico (m)	музыкант	[muzɪkant]
pianista (m)	пианист	[pɪanɪst]
guitarrista (m)	гитарча	[gɪtartʃ]

maestro (m)	дирижёр	[dɪrɪʒor]
compositor (m)	композитор	[kɔmpɔzɪtɔr]
empresário (m)	импресарио	[ɪmpresarɪɔ]

realizador (m)	режиссёр	[reʒɪsʲor]
produtor (m)	продюсер	[prɔdʉser]
argumentista (m)	сценарихо	[stsenarɪhɔ]
crítico (m)	критик	[krɪtɪk]

escritor (m)	яздархо	[jazdarhɔ]
poeta (m)	илланча	[ɪllantʃ]
escultor (m)	скульптор	[skuljptɔr]
pintor (m)	исбаьхьалча	[ɪsbæhaltʃ]

malabarista (m)	жонглёр	[ʒɔnglʲor]
palhaço (m)	жухарг	[ʒuharg]
acrobata (m)	пелхьо	[pelhɔ]
mágico (m)	бозбуунча	[bɔzbuʻuntʃ]

92. Várias profissões

médico (m)	лор	[lɔr]
enfermeira (f)	лориша	[lɔrjɪʃ]
psiquiatra (m)	психиатр	[psɪhɪatr]
estomatologista (m)	цергийн лор	[tsergiːn lɔr]
cirurgião (m)	хирург	[hɪrurg]

astronauta (m)	астронавт	[astrɔnavt]
astrónomo (m)	астроном	[astrɔnɔm]

piloto (m)	кеманхо	[kemanhɔ]
motorista (m)	лелорхо	[lelɔrhɔ]
maquinista (m)	машинхо	[maʃınhɔ]
mecânico (m)	механик	[mehanɪk]
mineiro (m)	кӀорабаккхархо	[k'ɔrabakqarhɔ]
operário (m)	белхало	[belhalɔ]
serralheiro (m)	слесарь	[slesarʲ]
marceneiro (m)	дечка пхьар	[detʃk phar]
torneiro (m)	токарь	[tɔkarʲ]
construtor (m)	гӀишлошъярхо	[ɣıʃlɔʃʔjarhɔ]
soldador (m)	латорхо	[latɔrhɔ]
professor (m) catedrático	профессор	[prɔfessɔr]
arquiteto (m)	архитектор	[arhɪtektɔr]
historiador (m)	историк	[ɪstɔrɪk]
cientista (m)	дешна	[deʃn]
físico (m)	физик	[fɪzɪk]
químico (m)	химик	[hɪmɪk]
arqueólogo (m)	археолог	[arheolɔg]
geólogo (m)	геолог	[geɔlɔg]
pesquisador (cientista)	талламхо	[tallamhɔ]
babysitter (f)	баба	[bab]
professor (m)	хьехархо	[heharhɔ]
redator (m)	редактор	[redaktɔr]
redator-chefe (m)	коьрта редактор	[kørt redaktɔr]
correspondente (m)	корреспондент	[kɔrrespɔndent]
datilógrafa (f)	машинхо	[maʃınhɔ]
designer (m)	дизайнер	[dızajner]
especialista (m) em informática	компьютерхо	[kɔmpjʉterhɔ]
programador (m)	программист	[prɔgrammɪst]
engenheiro (m)	инженер	[ınʒener]
marujo (m)	хӀордахо	[h'ɔrdahɔ]
marinheiro (m)	хӀордахо	[h'ɔrdahɔ]
salvador (m)	кӀелхьардакхархо	[k'elhardaqharhɔ]
bombeiro (m)	цӀе йойу	[ts'e joju]
polícia (m)	полици	[pɔlɪtsɪ]
guarda-noturno (m)	хехо	[hehɔ]
detetive (m)	лахарча	[lahartʃ]
funcionário (m) da alfândega	таможхо	[tamɔʒhɔ]
guarda-costas (m)	ларвархо	[larvarhɔ]
guarda (m) prisional	набахтхо	[nabahthɔ]
inspetor (m)	инспектор	[ɪnspektɔr]
desportista (m)	спортхо	[spɔrthɔ]
treinador (m)	тренер	[trener]
talhante (m)	хасапхо	[hasaphɔ]
sapateiro (m)	эткийн пхьар	[ɛtkɪ:n phar]

comerciante (m)	совдегар	[sɔvdegar]
carregador (m)	киранча	[kɪrantʃ]
estilista (m)	модельхо	[mɔdeljho]
modelo (f)	модель	[mɔdelj]

93. Ocupações. Estatuto social

aluno, escolar (m)	школахо	[ʃkɔlaho]
estudante (~ universitária)	студент	[student]
filósofo (m)	философ	[fɪlɔsɔf]
economista (m)	экономист	[ɛkɔnɔmɪst]
inventor (m)	кхоллархо	[qɔllarhɔ]
desempregado (m)	белхазхо	[belhazho]
reformado (m)	пенсионер	[pensɪɔner]
espião (m)	шпион	[ʃpɪɔn]
preso (m)	лаьцна стаг	[læts̡na stag]
grevista (m)	забастовкахо	[zabastɔvkaho]
burocrata (m)	бюрократ	[bʉrɔkrat]
viajante (m)	некъахо	[neqʔaho]
homossexual (m)	гомосексуализмхо	[gɔmɔseksualɪzmho]
hacker (m)	хакер	[haker]
bandido (m)	талорхо	[talɔrhɔ]
assassino (m) a soldo	йолах дийнарг	[jolah dɪːnarg]
toxicodependente (m)	наркоман	[narkɔman]
traficante (m)	наркотикаш йохкархо	[narkɔtɪkaʃ johkarhɔ]
prostituta (f)	кхахьпа	[qahp]
chulo (m)	сутенёр	[sutenʲor]
bruxo (m)	холмачхо	[holmatʃho]
bruxa (f)	холмачхо	[holmatʃho]
pirata (m)	пират	[pɪrat]
escravo (m)	лай	[laj]
samurai (m)	самурай	[samuraj]
selvagem (m)	акха адам	[aq adam]

Educação

94. Escola

escola (f)	школа	[ʃkɔl]
diretor (m) de escola	директор	[dɪrektɔr]
aluno (m)	дешархо	[deʃarhɔ]
aluna (f)	дешархо	[deʃarhɔ]
escolar (m)	школахо	[ʃkɔlahɔ]
escolar (f)	школахо	[ʃkɔlahɔ]
ensinar (vt)	хьеха	[heh']
aprender (vt)	ламо	['amɔ]
aprender de cor	дагахь ламо	[dagah 'amɔ]
estudar (vi)	лама	['am]
andar na escola	лама	['am]
ir à escola	школе ваха	[ʃkɔle vah]
alfabeto (m)	абат	[abat]
disciplina (f)	предмет	[predmet]
sala (f) de aula	класс	[klass]
lição (f)	урок	[urɔk]
toque (m)	горгали	[gɔrgalɪ]
carteira (f)	парта	[part]
quadro (m) negro	классан у	[klassan u]
nota (f)	отметка	[ɔtmetk]
boa nota (f)	дика отметка	[dɪk ɔtmetk]
nota (f) baixa	вон отметка	[vɔn ɔtmetk]
dar uma nota	отметка хӀотто	[ɔtmetk h'ɔttɔ]
erro (m)	гӀалат	[ɣalat]
fazer erros	гӀалат дан	[ɣalat dan]
corrigir (vt)	нисдан	[nɪsdan]
cábula (f)	шпаргалка	[ʃpargalk]
dever (m) de casa	цӀера тӀедиллар	[tsʼer tʼedɪllar]
exercício (m)	упражнени	[upraʒnenɪ]
estar presente	хила	[hɪl]
estar ausente	ца хила	[tsa hɪl]
punir (vt)	тӀазар дан	[taʼzar dan]
punição (f)	тӀазар	[taʼzar]
comportamento (m)	лелар	[lelar]
boletim (m) escolar	дневник	[dnevnɪk]
lápis (m)	къолам	[qʔɔlam]

borracha (f)	лаьстиг	[læstɪg]
giz (m)	мел	[mel]
estojo (m)	гӀутакх	[ɣutɑq]
pasta (f) escolar	портфель	[pɔrtfelj]
caneta (f)	ручка	[ruʧk]
caderno (m)	тетрадь	[tetrɑdʲ]
manual (m) escolar	учебник	[uʧebnɪk]
compasso (m)	циркуль	[tsɪrkulj]
traçar (vt)	дилла	[dɪll]
desenho (m) técnico	чертёж	[ʧertʲoʒ]
poesia (f)	байт	[bɑjt]
de cor	дагахь	[dɑgɑh]
aprender de cor	дагахь Ӏамо	[dɑgɑh 'ɑmɔ]
férias (f pl)	каникулаш	[kɑnɪkulɑʃ]
estar de férias	каникулашт хилар	[kɑnɪkulɑʃt hɪlɑr]
teste (m)	талламан болх	[tɑllɑmɑn bɔlh]
composição, redação (f)	сочинени	[sɔʧɪnenɪ]
ditado (m)	диктант	[dɪktɑnt]
exame (m)	экзамен	[ɛkzɑmen]
fazer exame	экзамен дӀаялар	[ɛkzɑmen d'ɑjɑlɑr]
experiência (~ química)	гӀулч	[ɣulʧ]

95. Colégio. Universidade

academia (f)	академи	[ɑkɑdemɪ]
universidade (f)	университет	[unɪwersɪtet]
faculdade (f)	факультет	[fɑkuljtet]
estudante (m)	студент	[student]
estudante (f)	студентка	[studentk]
professor (m)	хьехархо	[heharhɔ]
sala (f) de palestras	аудитори	[ɑudɪtɔrɪ]
graduado (m)	дешна ваьлларг	[deʃn væːllɑrg]
diploma (m)	диплом	[dɪplɔm]
tese (f)	диссертаци	[dɪssertɑtsɪ]
estudo (obra)	таллар	[tɑllɑr]
laboratório (m)	лаборатори	[lɑbɔrɑtɔrɪ]
palestra (f)	лекци	[lektsɪ]
colega (m) de curso	курсахо	[kursɑhɔ]
bolsa (f) de estudos	стипенди	[stɪpendɪ]
grau (m) académico	Ӏилманан дарж	['ɪlmɑnɑn dɑrʒ]

96. Ciências. Disciplinas

matemática (f)	математика	[mɑtemɑtɪk]
álgebra (f)	алгебра	[ɑlgebr]

geometria (f)	геометри	[geɔmetrɪ]
astronomia (f)	астрономи	[astrɔnɔmɪ]
biologia (f)	биологи	[bɪɔlɔgɪ]
geografia (f)	географи	[geɔgrafɪ]
geologia (f)	геологи	[geɔlɔgɪ]
história (f)	истори	[ɪstɔrɪ]
medicina (f)	медицина	[medɪtsɪn]
pedagogia (f)	педагогика	[pedagɔgɪk]
direito (m)	бакъо	[baq?ɔ]
física (f)	физика	[fɪzɪk]
química (f)	хими	[hɪmɪ]
filosofia (f)	философи	[fɪlɔsɔfɪ]
psicologia (f)	психологи	[psɪhɔlɔgɪ]

97. Sistema de escrita. Ortografia

gramática (f)	грамматика	[grammatɪk]
vocabulário (m)	лексика	[leksɪk]
fonética (f)	фонетика	[fɔnetɪk]
substantivo (m)	цӀердош	[tsʼerdɔʃ]
adjetivo (m)	билгалдош	[bɪlgaldɔʃ]
verbo (m)	хандош	[handɔʃ]
advérbio (m)	куцдош	[kutsdɔʃ]
pronome (m)	цӀерметдош	[tsʼermetdɔʃ]
interjeição (f)	айдардош	[ajdardɔʃ]
preposição (f)	предлог	[predlɔg]
raiz (f) da palavra	дешан орам	[deʃan ɔram]
terminação (f)	чаккхе	[tʃakqe]
prefixo (m)	дешхьалхе	[deʃhalhe]
sílaba (f)	дешдакъа	[deʃdaq?]
sufixo (m)	суффикс	[suffɪks]
acento (m)	тохар	[tɔhar]
apóstrofo (m)	апостроф	[apɔstrɔf]
ponto (m)	тӀадам	[tʼadam]
vírgula (f)	цӀоьмалг	[tsʼømalg]
ponto e vírgula (m)	тӀадамца цӀоьмалг	[tʼadamts tsʼømalg]
dois pontos (m pl)	ши тӀадам	[ʃɪ tʼadam]
reticências (f pl)	тӀадамаш	[tʼadamaʃ]
ponto (m) de interrogação	хаттаран хьаьрк	[hattaran hærk]
ponto (m) de exclamação	айдаран хьаьрк	[ajdaran hærk]
aspas (f pl)	кавычкаш	[kavɪtʃkaʃ]
entre aspas	кавычкаш юккъе	[kavɪtʃkaʃ jukq?e]
parênteses (m pl)	къовларш	[q?ɔvlarʃ]
entre parênteses	къовларш юккъе	[q?ɔvlarʃ jukq?e]
hífen (m)	сизалг	[sɪzalg]

travessão (m)	тиз	[tɪz]
espaço (m)	юкъ	[juqʔ]
letra (f)	элп	[ɛlp]
letra (f) maiúscula	доккха элп	[dɔkq ɛlp]
vogal (f)	мукъа аз	[muqʔ az]
consoante (f)	мукъаза аз	[muqʔaz az]
frase (f)	предложени	[predlɔʒenɪ]
sujeito (m)	подлежащи	[pɔdleʒaɕɪ]
predicado (m)	сказуеми	[skazuemɪ]
linha (f)	моrла	[mɔɣ]
em uma nova linha	керлачу моrларепа	[kerlatʃu mɔɣarer]
parágrafo (m)	абзац	[abzats]
palavra (f)	дош	[dɔʃ]
grupo (m) de palavras	дешнийн цхьаьнакхетар	[deʃnɪːn tshænaqetar]
expressão (f)	алар	[alar]
sinónimo (m)	синоним	[sɪnɔnɪm]
antónimo (m)	антоним	[antɔnɪm]
regra (f)	бакъо	[baqʔɔ]
exceção (f)	юкъарадаккхар	[juqʔaradakqar]
correto	нийса	[nɪːs]
conjugação (f)	хийцар	[hɪːtsar]
declinação (f)	легар	[legar]
caso (m)	дожар	[dɔʒar]
pergunta (f)	хаттар	[hattar]
sublinhar (vt)	билгалдаккха	[bɪlgaldakq]
linha (f) pontilhada	пунктир	[punktɪr]

98. Línguas estrangeiras

língua (f)	мотт	[mɔtt]
língua (f) estrangeira	кхечу мехкийн мотт	[qetʃu mehkɪːn mɔtt]
estudar (vt)	ламо	[ˈamɔ]
aprender (vt)	ламо	[ˈamɔ]
ler (vt)	еша	[eʃ]
falar (vi)	дийца	[dɪːts]
compreender (vt)	кхета	[qet]
escrever (vt)	яздан	[jazdan]
rapidamente	сиха	[sɪh]
devagar	меллаша	[mellaʃ]
fluentemente	парrlат	[parɣat]
regras (f pl)	бакъонаш	[baqʔɔnaʃ]
gramática (f)	грамматика	[grammatɪk]
vocabulário (m)	лексика	[leksɪk]
fonética (f)	фонетика	[fɔnetɪk]

manual (m) escolar	учебник	[utʃebnɪk]
dicionário (m)	дошам, словарь	[dɔʃam], [slovarʲ]
manual (m) de autoaprendizagem	Іамалург	['amalurg]
guia (m) de conversação	къамелІаморг	[qʔamel'amɔrg]
cassete (f)	кассета	[kasset]
vídeo cassete (m)	видеокассета	[wɪdeɔkasset]
CD (m)	CD	[sɪdɪ]
DVD (m)	DVD	[dɪwɪdɪ]
alfabeto (m)	алфавит	[alfawɪt]
soletrar (vt)	элпашц мотт бийца	[ɛlpaʃts mɔtt bɪːts]
pronúncia (f)	алар	[alar]
sotaque (m)	акцент	[aktsent]
com sotaque	акцент	[aktsent]
sem sotaque	акцент ца хила	[aktsent tsə hɪl]
palavra (f)	дош	[dɔʃ]
sentido (m)	маьІна	[mæ'n]
cursos (m pl)	курсаш	[kursaʃ]
inscrever-se (vr)	дІаяздала	[d'ajazdal]
professor (m)	хьехархо	[heharhɔ]
tradução (processo)	дахьийтар	[dahɪːtar]
tradução (texto)	гоч дар	[gɔtʃ dar]
tradutor (m)	талмаж	[talmaʒ]
intérprete (m)	талмаж	[talmaʒ]
poliglota (m)	полиглот	[pɔlɪglɔt]
memória (f)	эс	[ɛs]

Descanso. Entretenimento. Viagens

99. Viagens

turismo (m)	туризм	[turɪzm]
turista (m)	турист	[turɪst]
viagem (f)	араваьлла лелар	[aravæll lelar]
aventura (f)	хилларг	[hɪllarg]
viagem (f)	дахар	[dahar]
férias (f pl)	отпуск	[ɔtpusk]
estar de férias	отпускехь хилар	[ɔtpuskeh hɪlar]
descanso (m)	садаӏар	[sada'ar]
comboio (m)	цӏерпошт	[ts'erpɔʃt]
de comboio (chegar ~)	цӏерпоштахь	[ts'erpɔʃtah]
avião (m)	кема	[kem]
de avião	керманца	[kemants]
de carro	машина тӏехь	[maʃɪn t'eh]
de navio	керманца	[kemants]
bagagem (f)	кира	[kɪr]
mala (f)	чамда	[tʃamd]
carrinho (m)	киран гӏудакх	[kɪran ɣudaq]
passaporte (m)	паспорт	[pasport]
visto (m)	виза	[wɪz]
bilhete (m)	билет	[bɪlet]
bilhete (m) de avião	авиабилет	[awɪabɪlet]
guia (m) de viagem	некъгойтург	[neq?gɔjturg]
mapa (m)	карта	[kart]
local (m), area (f)	меттиг	[mettɪg]
lugar, sítio (m)	меттиг	[mettɪg]
exotismo (m)	экзотика	[ɛkzɔtɪk]
exótico	экзотикин	[ɛkzɔtɪkɪn]
surpreendente	тамашена	[tamaʃən]
grupo (m)	группа	[grupp]
excursão (f)	экскурси	[ɛkskursɪ]
guia (m)	экскурсилелорхо	[ɛkskursɪlelɔrhɔ]

100. Hotel

hotel (m)	хьешийн цӏа	[heʃɪːn ts'a]
motel (m)	мотель	[mɔtelj]
três estrelas	кхо седа	[qø sed]

cinco estrelas	пхи седа	[phɪ sed]
ficar (~ num hotel)	саца	[sɑts]
quarto (m)	номер	[nɔmer]
quarto (m) individual	цхьа меттиг йолу номер	[tshɑ mettɪg jolu nɔmer]
quarto (m) duplo	шиъ меттиг йолу номер	[ʃɪʔ mettɪg jolu nɔmer]
reservar um quarto	номер бронь ян	[nɔmer brɔnj jɑn]
meia pensão (f)	полупансион	[pɔlupɑnsɪɔn]
pensão (f) completa	йиззина пансион	[jɪzzɪn pɑnsɪɔn]
com banheira	ваннер	[vɑnner]
com duche	душер	[duʃər]
televisão (m) satélite	спутникови телевидени	[sputnɪkɔwɪ telewɪdenɪ]
ar (m) condicionado	кондиционер	[kɔndɪtsɪɔner]
toalha (f)	гата	[gɑt]
chave (f)	догIа	[dɔɣ]
administrador (m)	администратор	[ɑdmɪnɪstrɑtor]
camareira (f)	хIусамча	[h'usɑmtʃ]
bagageiro (m)	киранхо	[kɪrɑnho]
porteiro (m)	портье	[pɔrtje]
restaurante (m)	ресторан	[restɔrɑn]
bar (m)	бар	[bɑr]
pequeno-almoço (m)	марта	[mɑrt]
jantar (m)	пхьор	[phɔr]
buffet (m)	шведийн стоьл	[ʃwedɪːn støl]
hall (m) de entrada	вестибюль	[westɪbʉlj]
elevador (m)	лифт	[lɪft]
NÃO PERTURBE	МА ХЬЕВЕ	[mɑ hewe]
PROIBIDO FUMAR!	ЦИГАЬРКА ОЗА МЕГАШ ДАЦ!	[tsɪgærk ɔz megaʃ dɑts]

EQUIPAMENTO TÉCNICO. TRANSPORTES

Equipamento técnico. Transportes

101. Computador

computador (m)	компьютер	[kɔmpjʉter]
portátil (m)	ноутбук	[nɔutbuk]
ligar (vt)	лато	[latɔ]
desligar (vt)	дӏадайа	[d'adaj]
teclado (m)	клавиатура	[klawɪatur]
tecla (f)	пиллиг	[pɪllɪg]
rato (m)	мышь	[mɪʃ]
tapete (m) de rato	кузан цуьрг	[kuzan tsʉrg]
botão (m)	кнопка	[knɔpk]
cursor (m)	курсор	[kursɔr]
monitor (m)	монитор	[mɔnɪtɔr]
ecrã (m)	экран	[ɛkran]
disco (m) rígido	жёстки диск	[ʒɔstkɪ dɪsk]
capacidade (f) do disco rígido	жестки дискан барам	[ʒestkɪ dɪskan baram]
memória (f)	эс	[ɛs]
memória RAM (f)	оперативни эс	[ɔperatɪvnɪ ɛs]
ficheiro (m)	файл	[fajl]
pasta (f)	папка	[papk]
abrir (vt)	схьаделла	[shadell]
fechar (vt)	дӏакъовла	[d'aq?ɔvl]
guardar (vt)	ӏалашдан	['alaʃdan]
apagar, eliminar (vt)	дӏадаккха	[d'adakq]
copiar (vt)	копи яккха	[kɔpɪ jakq]
ordenar (vt)	сорташ дан	[sɔrtaʃ dan]
copiar (vt)	схьаяздан	[shajazdan]
programa (m)	программа	[prɔgramm]
software (m)	программни кхачам	[prɔgrammnɪ qatʃam]
programador (m)	программист	[prɔgrammɪst]
programar (vt)	программа хӏотто	[prɔgramm h'ɔttɔ]
hacker (m)	хакер	[haker]
senha (f)	пароль	[parɔlj]
vírus (m)	вирус	[wɪrus]
detetar (vt)	каро	[karɔ]
byte (m)	байт	[bajt]

megabyte (m)	мегабайт	[megabajt]
dados (m pl)	хаамаш	[ha'amaʃ]
base (f) de dados	хаамашан база	[ha'amaʃan baz]
cabo (m)	кабель	[kabelj]
desconectar (vt)	дӏадаккха	[d'adakq]
conetar (vt)	вовшахтаса	[vɔvʃahtas]

102. Internet. E-mail

internet (f)	интернет	[ɪnternet]
browser (m)	браузер	[brauzer]
motor (m) de busca	лехамийн ресурс	[lehamɪ:n resurs]
provedor (m)	провайдер	[prɔvajder]
webmaster (m)	веб-мастер	[web master]
website, sítio web (m)	веб-сайт	[web sajt]
página (f) web	веб-агӏо	[web aɣɔ]
endereço (m)	адрес	[adres]
livro (m) de endereços	адресийн книга	[adresɪ:n knɪg]
caixa (f) de correio	поштан яьшка	[poʃtan jæʃk]
correio (m)	пошт	[poʃt]
mensagem (f)	хаам	[ha'am]
remetente (m)	дӏадахьийтинарг	[d'adahɪ:tɪnarg]
enviar (vt)	дӏадахьийта	[d'adahɪ:t]
envio (m)	дӏадахьийтар	[d'adahɪ:tar]
destinatário (m)	схьаэцархо	[shaetsarhɔ]
receber (vt)	зхьаэца	[zhaets]
correspondência (f)	кехаташ дӏасакхехьийтар	[kehataʃ d'asaqehɪ:tar]
corresponder-se (vr)	кехаташ дӏасакхехьийта	[kehataʃ d'asaqehɪ:t]
ficheiro (m)	файл	[fajl]
fazer download, baixar	чудаккха	[tʃudakq]
criar (vt)	кхолла	[qɔll]
apagar, eliminar (vt)	дӏадаккха	[d'adakq]
eliminado	дӏадаьккхнарг	[d'adækqnarg]
conexão (f)	дазар	[dazar]
velocidade (f)	сихалла	[sɪhall]
modem (m)	модем	[mɔdem]
acesso (m)	тӏекхочийла	[t'eqotʃɪ:l]
porta (f)	порт	[port]
conexão (f)	дӏатасар	[d'atasar]
conetar (vi)	дӏатаса	[d'atas]
escolher (vt)	харжа	[harʒ]
buscar (vt)	леха	[leh]

103. Eletricidade

eletricidade (f)	электричество	[ɛlektrɪtʃestvɔ]
elétrico	электрически	[ɛlektrɪtʃeskɪ]
central (f) elétrica	электростанци	[ɛlektrɔstantsɪ]
energia (f)	ницкъ	[nɪtsq?]
energia (f) elétrica	электроницкъ	[ɛlektrɔnɪtsq?]
lâmpada (f)	лампа	[lampa]
lanterna (f)	фонарик	[fɔnarɪk]
poste (m) de iluminação	фонарь	[fɔnarʲ]
luz (f)	серло	[serlɔ]
ligar (vt)	лато	[latɔ]
desligar (vt)	дладайа	[d'adaj]
apagar a luz	серло дlаяйа	[serlɔ d'ajaj]
fundir (vi)	дага	[dag]
curto-circuito (m)	электрически серий вовшахкхетар	[ɛlektrɪtʃeskɪ serɪː vɔvʃahqetar]
rutura (f)	хадор	[hadɔr]
contacto (m)	хьакхадалар	[haqadalar]
interruptor (m)	дlаяйоург	[d'ajajourg]
tomada (f)	розетка	[rɔzetk]
ficha (f)	мlара	[m'ar]
extensão (f)	удлинитель	[udlɪnɪtelj]
fusível (m)	предохранитель	[predɔhranɪtelj]
fio, cabo (m)	сара	[sar]
instalação (f) elétrica	далор	[dalɔr]
ampere (m)	ампер	[amper]
amperagem (f)	токан ицкъ	[tɔkan ɪtsq?]
volt (m)	вольт	[vɔljt]
voltagem (f)	булам	[bulam]
aparelho (m) elétrico	электроприбор	[ɛlektrɔprɪbɔr]
indicador (m)	индикатор	[ɪndɪkatɔr]
eletricista (m)	электрик	[ɛlektrɪk]
soldar (vt)	лато	[latɔ]
ferro (m) de soldar	латорг	[latɔrg]
corrente (f) elétrica	ток	[tɔk]

104. Ferramentas

ferramenta (f)	гlирс	[ɣɪrs]
ferramentas (f pl)	гlирсаш	[ɣɪrsaʃ]
equipamento (m)	гlирс хlоттор	[ɣɪrs hɔttɔr]
martelo (m)	жlов	[ʒ'ɔv]
chave (f) de fendas	сетал	[setal]

machado (m)	диг	[dɪg]
serra (f)	херх	[herh]
serrar (vt)	хьакха	[haq]
plaina (f)	воттан	[vɔttan]
aplainar (vt)	хьекха	[heq]
ferro (m) de soldar	латорг	[latɔrg]
soldar (vt)	лато	[latɔ]

lima (f)	ков	[kɔv]
tenaz (f)	морзах	[mɔrzah]
alicate (m)	чӏапморзах	[tʃʼapmɔrzah]
formão (m)	сто	[stɔ]

broca (f)	буру	[buru]
berbequim (f)	буру	[buru]
furar (vt)	буру хьовзо	[buru hɔvzɔ]

faca (f)	урс	[urs]
lâmina (f)	дитт	[dɪtt]

afiado	ира	[ɪr]
cego	аьрта	[ært]
embotar-se (vr)	аьртадала	[ærtadal]
afiar, amolar (vt)	ирдан	[ɪrdan]

parafuso (m)	болт	[bɔlt]
porca (f)	гайка	[gajk]
rosca (f)	агар	[agar]
parafuso (m) para madeira	шуруп	[ʃurup]

prego (m)	хьостам	[hɔstam]
cabeça (f) do prego	кӏуж	[kʼuʒ]

régua (f)	линейка	[lɪnejk]
fita (f) métrica	рулетка	[ruletk]
nível (m)	тӏадам	[tʼadam]
lupa (f)	бӏаьрг	[bʼærg]

medidor (m)	юсту прибор	[justu prɪbɔr]
medir (vt)	дуста	[dust]
escala (f)	шкала	[ʃkal]
indicação (f), registo (m)	гайтам	[gajtam]

compressor (m)	компрессор	[kɔmpressɔr]
microscópio (m)	микроскоп	[mɪkrɔskɔp]

bomba (f)	насос	[nasɔs]
robô (m)	робот	[rɔbɔt]
laser (m)	лазер	[lazer]

chave (f) de boca	гайкин догӏа	[gajkɪn dɔɣ]
fita (f) adesiva	скоч	[skɔtʃ]
cola (f)	клей	[klej]

lixa (f)	ялпаран кехат	[jalparan kehat]
mola (f)	пружина	[pruʒɪn]

íman (m)	магнит	[magnɪt]
luvas (f pl)	карнаш	[karnaʃ]
corda (f)	чуха	[ʧuh]
cordel (m)	тlийриг	[t'ɪːrɪg]
fio (m)	сара	[sar]
cabo (m)	кабель	[kabelj]
marreta (f)	варзап	[varzap]
pé de cabra (m)	ваба	[vab]
escada (f) de mão	лами	[lamɪ]
escadote (m)	лами	[lamɪ]
enroscar (vt)	хьовзо	[hɔvzɔ]
desenroscar (vt)	схьахьовзо	[shahɔvzɔ]
apertar (vt)	юкъакъовла	[juqʔaqʔɔvl]
colar (vt)	тlелато	[t'elatɔ]
cortar (vt)	хедо	[hedɔ]
falha (mau funcionamento)	доьхнарг	[døhnarg]
conserto (m)	тадар	[tadar]
consertar, reparar (vt)	тадан	[tadan]
regular, ajustar (vt)	нисдан	[nɪsdan]
verificar (vt)	хьажа	[haʒ]
verificação (f)	хьажар	[haʒar]
indicação (f), registo (m)	гайтам	[gajtam]
seguro	тешаме	[teʃame]
complicado	чолхе	[ʧɔlhe]
enferrujar (vi)	мекхадола	[meqadɔl]
enferrujado	мекхадоьлла	[meqadøll]
ferrugem (f)	мекха	[meq]

Transportes

105. Avião

avião (m)	кема	[kem]
bilhete (m) de avião	авиабилет	[awɪabɪlet]
companhia (f) aérea	авиакомпани	[awɪakɔmpanɪ]
aeroporto (m)	аэропорт	[aerɔpɔrt]
supersónico	озал тӀехь	[ɔzal tʼeh]
comandante (m) do avião	кеман командир	[keman kɔmandɪr]
tripulação (f)	экипаж	[ɛkɪpaʒ]
piloto (m)	кеманхо	[kemanhɔ]
hospedeira (f) de bordo	стюардесса	[stʉardess]
copiloto (m)	штурман	[ʃturman]
asas (f pl)	тӀемаш	[tʼemaʃ]
cauda (f)	цӀога	[tsʼɔg]
cabine (f) de pilotagem	кабина	[kabɪn]
motor (m)	двигатель	[dwɪgatelj]
trem (m) de aterragem	шасси	[ʃassɪ]
turbina (f)	бера	[ber]
hélice (f)	бера	[ber]
caixa-preta (f)	Ӏаьржа яьшка	[ˈærʒ jæʃk]
coluna (f) de controlo	штурвал	[ʃturval]
combustível (m)	ягорг	[jagɔrg]
instruções (f pl) de segurança	инструкци	[ɪnstruktsɪ]
máscara (f) de oxigénio	кислородан маска	[kɪslɔrɔdan mask]
uniforme (m)	униформа	[unɪfɔrm]
colete (m) salva-vidas	кӀелхьарвоккху жилет	[kʼelharvɔkqu ʒɪlet]
paraquedas (m)	четар	[tʃetar]
descolagem (f)	хьалаӀаттар	[halaɣattar]
descolar (vi)	хьалаӀатта	[halaɣatt]
pista (f) de descolagem	хьалаӀотту аса	[halaɣɔttu as]
visibilidade (f)	гуш хилар	[guʃ hɪlar]
voo (m)	дахар	[dahar]
altura (f)	лакхалла	[laqall]
poço (m) de ar	хӀаваъан ор	[hʼavaʔan ɔr]
assento (m)	меттиг	[mettɪg]
auscultadores (m pl)	ладуӀургаш	[ladʉɣurgaʃ]
mesa (f) rebatível	цхьалха стол	[tshalha stɔl]
vigia (f)	иллюминатор	[ɪllʉmɪnatɔr]
passagem (f)	чекхдолийла	[tʃeqdɔlɪːl]

106. Comboio

comboio (m)	цlерпошт	[ts'erpɔʃt]
comboio (m) suburbano	электричка	[ɛlektrɪtʃk]
comboio (m) rápido	чехка цlерпошт	[tʃehk ts'erpɔʃt]
locomotiva (f) diesel	тепловоз	[teplovoz]
locomotiva (f) a vapor	цlермашен	[ts'ermaʃən]
carruagem (f)	вагон	[vagɔn]
carruagem restaurante (f)	вагон-ресторан	[vagɔn restɔran]
carris (m pl)	рельсаш	[reljsaʃ]
caminho de ferro (m)	аьчка некъ	['ætʃk neqʔ]
travessa (f)	шпала	[ʃpal]
plataforma (f)	платформа	[platfɔrm]
linha (f)	некъ	[neqʔ]
semáforo (m)	семафор	[semafɔr]
estação (f)	станци	[stantsɪ]
maquinista (m)	машинхо	[maʃɪnho]
bagageiro (m)	киранхо	[kɪranho]
hospedeiro, -a (da carruagem)	проводник	[prɔvɔdnɪk]
passageiro (m)	пассажир	[passaʒɪr]
revisor (m)	контролёр	[kɔntrɔlʲor]
corredor (m)	уче	[utʃe]
freio (m) de emergência	стоп-кран	[stɔp kran]
compartimento (m)	купе	[kupe]
cama (f)	терхи	[terhɪ]
cama (f) de cima	лакхара терхи	[laqar terhɪ]
cama (f) de baixo	лахара терхи	[lahar terhɪ]
roupa (f) de cama	меттан лоччарш	[mettan lɔtʃarʃ]
bilhete (m)	билет	[bɪlet]
horário (m)	расписани	[raspɪsanɪ]
painel (m) de informação	хаамийн у	[haːmɪːn u]
partir (vt)	дlадаха	[d'adah]
partida (f)	дlадахар	[d'adahar]
chegar (vi)	схьакхача	[shaqatʃ]
chegada (f)	схьакхачар	[shaqatʃar]
chegar de comboio	цlерпоштахь ван	[ts'erpɔʃtah van]
apanhar o comboio	цlерпошта тlе хаа	[ts'erpɔʃt t'e haʔa]
sair do comboio	цlерпошта тlера охьадосса	[ts'erpɔʃt t'er ɔhadɔssa]
acidente (m) ferroviário	харцар	[hartsar]
locomotiva (f) a vapor	цlермашен	[ts'ermaʃən]
fogueiro (m)	кочегар	[kɔtʃegar]
fornalha (f)	дагор	[dagɔr]
carvão (m)	кlора	[k'ɔr]

107. Barco

navio (m)	кема	[kem]
embarcação (f)	кема	[kem]
vapor (m)	цlеркема	[ts'erkem]
navio (m)	теплоход	[teplɔhod]
transatlântico (m)	лайнер	[lajner]
cruzador (m)	крейсер	[krejser]
iate (m)	яхта	[jaht]
rebocador (m)	буксир	[buksɪr]
barcaça (f)	баржа	[barʒ]
ferry (m)	бурам	[buram]
veleiro (m)	гатанан кема	[gatanan kem]
bergantim (m)	бригантина	[brɪgantɪn]
quebra-gelo (m)	ша-кема	[ʃa kem]
submarino (m)	хи бухахула лела кема	[hɪ buhahul lel kem]
bote, barco (m)	кема	[kem]
bote, dingue (m)	шлюпка	[ʃlʉpk]
bote (m) salva-vidas	кlелхьарвоккху шлюпка	[k'elharvɔkqu ʃlʉpk]
lancha (f)	катер	[kater]
capitão (m)	капитан	[kapɪtan]
marinheiro (m)	хlордахо	[h'ɔrdaho]
marujo (m)	хlордахо	[h'ɔrdaho]
tripulação (f)	экипаж	[ɛkɪpaʒ]
contramestre (m)	боцман	[bɔtsman]
grumete (m)	юнга	[jung]
cozinheiro (m) de bordo	кок	[kɔk]
médico (m) de bordo	хи кеман лор	[hɪ keman lɔr]
convés (m)	палуба	[palub]
mastro (m)	мачта	[matʃt]
vela (f)	гата	[gat]
porão (m)	трюм	[trʉm]
proa (f)	кеман мара	[keman mar]
popa (f)	кеман цlога	[keman ts'ɔg]
remo (m)	пийсиг	[pɪːsɪg]
hélice (f)	винт	[wɪnt]
camarote (m)	каюта	[kajut]
sala (f) dos oficiais	каюt-компани	[kajut kɔmpanɪ]
sala (f) das máquinas	машинийн отделени	[maʃɪnɪːn ɔtdelenɪ]
ponte (m) de comando	капитанан тlай	[kapɪtanan t'aj]
sala (f) de comunicações	радиотрубка	[radɪɔtrubk]
onda (f) de rádio	тулгlе	[tulɣe]
diário (m) de bordo	кеман журнал	[keman ʒurnal]
luneta (f)	турмал	[turmal]
sino (m)	горгал	[gɔrgal]

bandeira (f)	байракх	[bajraq]
cabo (m)	муш	[muʃ]
nó (m)	шад	[ʃad]
corrimão (m)	тӏам	[tʼam]
prancha (f) de embarque	ламн	[lamɪ]
âncora (f)	якорь	[jakorʲ]
recolher a âncora	якорь хьалаайа	[jakorʲ halaʼaj]
lançar a âncora	якорь кхосса	[jakorʲ qɔss]
amarra (f)	якоран зӏе	[jakoran zʼe]
porto (m)	порт	[pɔrt]
cais, amarradouro (m)	дӏатосийла	[dʼatɔsɪːl]
atracar (vi)	йистедало	[jɪstedalɔ]
desatracar (vi)	дӏадаха	[dʼadah]
viagem (f)	араваьлла лелар	[aravæll lelar]
cruzeiro (m)	круиз	[kruɪz]
rumo (m), rota (f)	курс	[kurs]
itinerário (m)	маршрут	[marʃrut]
canal (m) navegável	фарватер	[farvater]
banco (m) de areia	гомхалла	[gɔmhall]
encalhar (vt)	гӏамарла даха	[ɣamarl dah]
tempestade (f)	дарц	[darts]
sinal (m)	сигнал	[sɪgnal]
afundar-se (vr)	бухадаха	[buhadah]
SOS	SOS	[sɔs]
boia (f) salva-vidas	кӏелхьарвоккху го	[kʼelharvɔkqu gɔ]

108. Aeroporto

aeroporto (m)	аэропорт	[aərɔpɔrt]
avião (m)	кема	[kem]
companhia (f) aérea	авиакомпани	[awɪakɔmpanɪ]
controlador (m) de tráfego aéreo	диспетчер	[dɪspetʃer]
partida (f)	дӏадахар	[dʼadahar]
chegada (f)	схьакхачар	[shaqatʃar]
chegar (~ de avião)	схьакхача	[shaqatʃ]
hora (f) de partida	гӏовтаран хан	[ɣɔvtaran han]
hora (f) de chegada	схьакхачаран хан	[shaqatʃaran han]
estar atrasado	хьедала	[hedal]
atraso (m) de voo	хьедар	[hedar]
painel (m) de informação	хаамийн табло	[haːmɪːn tablɔ]
informação (f)	хаам	[haʼam]
anunciar (vt)	кхайкхо	[qajqɔ]
voo (m)	рейс	[rejs]

alfândega (f)	таможни	[tamɔʒnɪ]
funcionário (m) da alfândega	таможхо	[tamɔʒhɔ]

declaração (f) alfandegária	декларации	[deklaratsɪ]
preencher a declaração	декларации язъян	[deklaratsɪ jaz?jan]
controlo (m) de passaportes	паспортан контроль	[pastpɔrtan kɔntrɔlj]

bagagem (f)	кира	[kɪr]
bagagem (f) de mão	куьйга леладен кира	[kɥjg leladen kɪr]
carrinho (m)	гIудалкх	[ɣudalq]

aterragem (f)	охьахаар	[ɔhaha'ar]
pista (f) de aterragem	охьахааден аса	[ɔhaha'aden as]
aterrar (vi)	охьахаа	[ɔhaha'a]
escada (f) de avião	лами	[lamɪ]

check-in (m)	регистрации	[regɪstratsɪ]
balcão (m) do check-in	регистрацин гIопаста	[regɪstratsɪn ɣɔpast]
fazer o check-in	регистрации ян	[regɪstratsɪ jan]
cartão (m) de embarque	тIехааден талон	[t'eha'aden talɔn]
porta (f) de embarque	арадалар	[aradalar]

trânsito (m)	транзит	[tranzɪt]
esperar (vi, vt)	хьежа	[heʒ]
sala (f) de espera	хьежаран зал	[heʒaran zal]
despedir-se de …	новкъадаккха	[nɔvq?adakq]
despedir-se (vr)	Iодика ян	['ɔdɪk jan]

Eventos

109. Férias. Evento

festa (f)	дезде	[dezde]
festa (f) nacional	къаьмнийн дезде	[qʔæmnɪːn dezde]
feriado (m)	деза де	[dez de]
festejar (vt)	даздан	[dazdan]
evento (festa, etc.)	хилларг	[hɪllarg]
evento (banquete, etc.)	мероприяти	[merɔprɪjatɪ]
banquete (m)	той	[tɔj]
receção (f)	тIеэцар	[tʼeɛtsar]
festim (m)	той	[tɔj]
aniversário (m)	шо кхачар	[ʃɔ qatʃar]
jubileu (m)	юбилей	[jubɪlej]
celebrar (vt)	билгалдаккха	[bɪlgaldakq]
Ano (m) Novo	Керла шо	[kerl ʃɔ]
Feliz Ano Novo!	Керлачу шарца декъал дойла шу!	[kerlatʃu ʃarts deqʔal dɔjl ʃu]
Natal (m)	Рождество	[rɔʒdestvɔ]
Feliz Natal!	Рождествоца декъал дойла шу!	[rɔʒdestvɔts deqʔal dɔjl ʃu]
árvore (f) de Natal	керлачу шеран ёлка	[kerlatʃu ʃəran jolk]
fogo (m) de artifício	салют	[salʉt]
boda (f)	ловзар	[lɔvzar]
noivo (m)	зуда ехна стаг	[zud ehn stag]
noiva (f)	нускал	[nuskal]
convidar (vt)	схьакхайкха	[shaqajq]
convite (m)	кхайкхар	[qajqar]
convidado (m)	хьаша	[haʃ]
visitar (vt)	хьошалгIа ваха	[hɔʃalɣ vahʼ]
receber os hóspedes	хьешашна дуьхьалваха	[heʃaʃn dʉhalvah]
presente (m)	совгIат	[sɔvɣat]
oferecer (vt)	совгIатна дала	[sɔvɣatn dal]
receber presentes	совгIаташ схьаэца	[sɔvɣataʃ shaʼɛts]
ramo (m) de flores	курс	[kurs]
felicitações (f pl)	декъалдар	[deqʔaldar]
felicitar (dar os parabéns)	декъалдан	[deqʔaldan]
cartão (m) de parabéns	декъалден открытка	[deqʔalden ɔtkrɪtk]
enviar um postal	открытка дIадахьийта	[ɔtkrɪtk dʼadahɪːt]

receber um postal	открытка схьаэца	[ɔtkrɪtk shaəts]
brinde (m)	кад	[kad]
oferecer (vt)	дала	[dal]
champanhe (m)	шампански	[ʃampanskɪ]

divertir-se (vr)	сакъера	[saqʔer]
diversão (f)	сакъерар	[saqʔerar]
alegria (f)	хазахетар	[hazahetar]

dança (f)	хелхар	[helhar]
dançar (vi)	хелхадала	[helhadal]

valsa (f)	вальс	[valjs]
tango (m)	танго	[tangɔ]

110. Funerais. Enterro

cemitério (m)	кешнаш	[keʃnaʃ]
sepultura (f), túmulo (m)	каш	[kaʃ]
lápide (f)	чурт	[tʃurt]
cerca (f)	керт	[kert]
capela (f)	килс	[kɪls]

morte (f)	далар	[dalar]
morrer (vi)	дала	[dal]
defunto (m)	велларг	[wellarg]
luto (m)	ларжа	['ærʒ]

enterrar, sepultar (vt)	дӏадолла	[dʼadɔll]
agência (f) funerária	велчан ламаста ден бюро	[weltʃan lamast den bʉrɔ]
funeral (m)	тезет	[tezet]

coroa (f) de flores	кочар	[kɔtʃar]
caixão (m)	гроб	[grɔb]
carro (m) funerário	катафалк	[katafalk]
mortalha (f)	марчо	[martʃɔ]

urna (f) funerária	урна	[urn]
crematório (m)	крематорий	[krematɔrɪ]

obituário (m), necrologia (f)	некролог	[nekrɔlɔg]
chorar (vi)	делха	[delh]
soluçar (vi)	делха	[delh]

111. Guerra. Soldados

pelotão (m)	завод	[zavɔd]
companhia (f)	рота	[rɔt]
regimento (m)	полк	[pɔlk]
exército (m)	эскар	[ɛskar]
divisão (f)	дивизи	[dɪwɪzɪ]
destacamento (m)	тоба	[tɔb]

hoste (f)	эскар	[ɛskar]
soldado (m)	салти	[saltɪ]
oficial (m)	эпсар	[ɛpsar]
soldado (m) raso	моӷарера	[mɔɣarer]
sargento (m)	сержант	[serʒant]
tenente (m)	лейтенант	[lejtenant]
capitão (m)	капитан	[kapɪtan]
major (m)	майор	[major]
coronel (m)	полковник	[pɔlkɔvnɪk]
general (m)	инарла	[ɪnarl]
marujo (m)	хӀордахо	[h'ɔrdaho]
capitão (m)	капитан	[kapɪtan]
contramestre (m)	боцман	[bɔtsman]
artilheiro (m)	артиллерист	[artɪllerɪst]
soldado (m) paraquedista	десантхо	[desantho]
piloto (m)	кеманхо	[kemanho]
navegador (m)	штурман	[ʃturman]
mecânico (m)	механик	[mehanɪk]
sapador (m)	сапёр	[sapʲor]
paraquedista (m)	парашютхо	[paraʃutho]
explorador (m)	талламхо	[tallamho]
franco-atirador (m)	иччархо	[ɪtʃarhɔ]
patrulha (f)	патруль	[patrulj]
patrulhar (vt)	гӀаролла дан	[ɣarɔll dan]
sentinela (f)	гӀарол	[ɣarɔl]
guerreiro (m)	эскархо	[ɛskarhɔ]
patriota (m)	патриот	[patrɪɔt]
herói (m)	турпалхо	[turpalho]
heroína (f)	турпалхо	[turpalho]
traidor (m)	ямартхо	[jamartho]
desertor (m)	деддарг	[deddarg]
desertar (vt)	дада	[dad]
mercenário (m)	ялхо	[jalho]
recruta (m)	керла бӏахо	[kerl b'aho]
voluntário (m)	лаамерниг	[la'amernɪg]
morto (m)	дийнарг	[diːnarg]
ferido (m)	чов хилла	[tʃov hɪll]
prisioneiro (m) de guerra	йийсархо	[jiːsarhɔ]

112. Guerra. Ações militares. Parte 1

guerra (f)	тӀом	[t'ɔm]
guerrear (vt)	тӀом бан	[t'ɔm ban]
guerra (f) civil	граждански тӀом	[graʒdanskɪ t'ɔm]
perfidamente	тешнабехкехь	[teʃnabehkeh]

declaração (f) de guerra	дIахьебан	[d'aheban]
declarar (vt) guerra	хьебан	[heban]
agressão (f)	агресси	[agressɪ]
atacar (vt)	тIелата	[t'elat]
invadir (vt)	дIалаца	[d'alaʦ]
invasor (m)	дIалецархо	[d'aleʦarhɔ]
conquistador (m)	даккхархо	[dakqarhɔ]
defesa (f)	дуьхьало, лардар	[duhalɔ], [lardar]
defender (vt)	дуьхьало ян, лардан	[duhalɔ jan], [lardan]
defender-se (vr)	дуьхьало ян	[duhalɔ jan]
inimigo, adversário (m)	мостагI	[mɔstaɣ]
inimigo	мостагIийн	[mɔstaɣiːn]
estratégia (f)	стратеги	[strategɪ]
tática (f)	тактика	[taktɪk]
ordem (f)	омра	[ɔmr]
comando (m)	буьйр	[bujr]
ordenar (vt)	омра дан	[ɔmr dan]
missão (f)	тIедиллар	[t'edɪllar]
secreto	къайлаха	[qʔajlah]
batalha (f)	латар	[latar]
combate (m)	тIом	[t'ɔm]
ataque (m)	атака	[atak]
assalto (m)	штурм	[ʃturm]
assaltar (vt)	штурм ян	[ʃturm jan]
assédio, sítio (m)	лацар	[laʦar]
ofensiva (f)	тIелатар	[t'elatar]
passar à ofensiva	тIелета	[t'elet]
retirada (f)	юхадалар	[juhadalar]
retirar-se (vr)	юхадала	[juhadal]
cerco (m)	го бар	[gɔ bar]
cercar (vt)	го бан	[gɔ ban]
bombardeio (m)	бомбанаш еттар	[bɔmbanaʃ ettar]
lançar uma bomba	бомб чукхосса	[bɔmb tʃukqɔss]
bombardear (vt)	бомбанаш етта	[bɔmbanaʃ ett]
explosão (f)	эккхар	[ɛkqar]
tiro (m)	ялар	[jalar]
disparar um tiro	кхосса	[qɔss]
tiroteio (m)	кхийсар	[qɪːsar]
apontar para …	хьежо	[heʒɔ]
apontar (vt)	тIехьажо	[t'ehaʒɔ]
acertar (vt)	кхета	[qet]
afundar (um navio)	хи бухадахийта	[hɪ buhadahɪːt]
brecha (f)	Iуьрг	['urg]

afundar-se (vr)	хи буха даха	[hɪ buha dah]
frente (m)	фронт	[frɔnt]
evacuação (f)	эвакуаци	[ɛvakuatsɪ]
evacuar (vt)	эвакуаци ян	[ɛvakuatsɪ jan]
trincheira (f)	окоп, траншей	[ɔkɔp], [tranʃəj]
arame (m) farpado	кIохцал-сара	[k'ɔhtsal sar]
obstáculo (m) anticarro	дуьхьало	[dɨhalɔ]
torre (f) de vigia	чардакх	[tʃardaq]
hospital (m)	госпиталь	[gɔspɪtalj]
ferir (vt)	чов ян	[tʃɔv jan]
ferida (f)	чов	[tʃɔv]
ferido (m)	чов хилла	[tʃɔv hɪll]
ficar ferido	чов хила	[tʃɔv hɪl]
grave (ferida ~)	хала	[hal]

113. Guerra. Ações militares. Parte 2

cativeiro (m)	йийсарехь хилар	[jɪːsareh hɪlar]
capturar (vt)	йийсар дан	[jɪːsar dan]
estar em cativeiro	йийсарехь хила	[jɪːsareh hɪl]
ser aprisionado	йийсарехь кхача	[jɪːsareh qatʃ]
campo (m) de concentração	концлагерь	[kɔntslager']
prisioneiro (m) de guerra	йийсархо	[jɪːsarhɔ]
escapar (vi)	дада	[dad]
trair (vt)	ямартдала	[jamartdal]
traidor (m)	ямартхо	[jamarthɔ]
traição (f)	ямартло	[jamartlɔ]
fuzilar, executar (vt)	тоьпаш тоха	[tøpaʃ tɔh]
fuzilamento (m)	тоьпаш тохар	[tøpaʃ tɔhar]
equipamento (m)	духар	[duhar]
platina (f)	погон	[pɔgɔn]
máscara (f) antigás	противогаз	[prɔtɪvɔgaz]
rádio (m)	раци	[ratsɪ]
cifra (f), código (m)	шифр	[ʃɪfr]
conspiração (f)	конспираци	[kɔnspɪratsɪ]
senha (f)	пароль	[parɔlj]
mina (f)	мина	[mɪn]
minar (vt)	минаш яхка	[mɪnaʃ jahk]
campo (m) minado	минийн аре	[mɪnɪːn are]
alarme (m) aéreo	хIавaан орца	[h'ava'an ɔrts]
alarme (m)	орца	[ɔrts]
sinal (m)	сигнал	[sɪgnal]
sinalizador (m)	хааман ракета	[ha'aman raket]
estado-maior (m)	штаб	[ʃtab]
reconhecimento (m)	разведка	[razwedk]

situação (f)	хьал	[hal]
relatório (m)	рапорт	[raport]
emboscada (f)	кIело	[k'elɔ]
reforço (m)	гIо	[ɣɔ]
alvo (m)	гIакх	[ɣaq]
campo (m) de tiro	полигон	[pɔlɪgɔn]
manobras (f pl)	манёвраш	[manʲɔvraʃ]
pânico (m)	дохар	[dɔhar]
devastação (f)	бохор	[bɔhor]
ruínas (f pl)	дохор	[dɔhor]
destruir (vt)	дохо	[dɔho]
sobreviver (vi)	дийна диса	[dɪ:n dɪs]
desarmar (vt)	герз схьадаккха	[gerz shadakq]
manusear (vt)	лело	[lelɔ]
Firmes!	Тийна!	[tɪ:n]
Descansar!	ПаргIат!	[parɣat]
façanha (f)	хьуьнар	[hʉnar]
juramento (m)	дуй	[duj]
jurar (vi)	дуй баа	[duj ba'a]
condecoração (f)	совгIат	[sɔvɣat]
condecorar (vt)	совгIат дала	[sɔvɣat dal]
medalha (f)	мидал	[mɪdal]
ordem (f)	орден	[ɔrden]
vitória (f)	толам	[tɔlam]
derrota (f)	эшар	[ɛʃar]
armistício (m)	маслаIат	[masla'at]
bandeira (f)	байракх	[bajraq]
glória (f)	гIардалар	[ɣardalar]
desfile (m) militar	парад	[parad]
marchar (vi)	марш-болар дан	[marʃ bɔlar dan]

114. Armas

arma (f)	герз	[gerz]
arma (f) de fogo	долу герз	[dɔlu gerz]
arma (f) branca	шийла герз	[ʃi:l gerz]
arma (f) química	химически герз	[hɪmɪtʃeskɪ gerz]
nuclear	ядеран	[jaderan]
arma (f) nuclear	ядеран герз	[jaderan gerz]
bomba (f)	бомба	[bɔmb]
bomba (f) atómica	атоман бомба	[atɔman bɔmb]
pistola (f)	тапча	[taptʃ]
caçadeira (f)	топ	[tɔp]

pistola-metralhadora (f)	автомат	[avtɔmat]
metralhadora (f)	пулемёт	[pulemʲot]
boca (f)	Iуьрг	[ˈʉrg]
cano (m)	чIижаргIа	[ʧʼɪʒarɣ]
calibre (m)	калибр	[kalɪbr]
gatilho (m)	лаг	[lag]
mira (f)	Iалашо	[ˈalaʃɔ]
carregador (m)	гIутакх	[ɣutaq]
coronha (f)	хен	[hen]
granada (f) de mão	гранат	[granat]
explosivo (m)	оьккхург	[økqurg]
bala (f)	даьндарг	[dændarg]
cartucho (m)	патарма	[patarm]
carga (f)	бустам	[bustam]
munições (f pl)	тIеман гIирс	[tʼeman ɣɪrs]
bombardeiro (m)	бомбардировщик	[bɔmbardɪrɔvçɪk]
avião (m) de caça	истребитель	[ɪstrebɪtelj]
helicóptero (m)	вертолёт	[wertɔlʲot]
canhão (m) antiaéreo	зенитка	[zenɪtk]
tanque (m)	танк	[tank]
canhão (de um tanque)	йоккха топ	[jokq tɔp]
artilharia (f)	артиллери	[artɪllerɪ]
fazer a pontaria	тIехьажо	[tʼehaʒɔ]
obus (m)	снаряд	[snarʲad]
granada (f) de morteiro	мина	[mɪn]
morteiro (m)	миномёт	[mɪnɔmʲot]
estilhaço (m)	гериг	[gerɪg]
submarino (m)	хи буха лела кема	[hɪ buha lel kem]
torpedo (m)	торпеда	[tɔrped]
míssil (m)	ракета	[raket]
carregar (uma arma)	дуза	[duz]
atirar, disparar (vi)	кхийса	[qɪːs]
apontar para ...	хьежо	[heʒɔ]
baioneta (f)	цхьамза	[tshamz]
espada (f)	шпага	[ʃpag]
sabre (m)	тур	[tur]
lança (f)	гоьмукъ	[gømuqʔ]
arco (m)	секха Iад	[seq ˈad]
flecha (f)	пха	[ph]
mosquete (m)	мушкет	[muʃket]
besta (f)	арбалет	[arbalet]

115. Povos da antiguidade

primitivo	духхьарлера	[duharler]
pré-histórico	историл хьалхара	[ɪstɔrɪl halhar]
antigo	мацахлера	[matsahler]
Idade (f) da Pedra	TIулган оьмар	[t'ulgan ømar]
Idade (f) do Bronze	бронзанан оьмар	[brɔnzanan ømar]
período (m) glacial	шен зама	[ʃen zam]
tribo (f)	тукхам	[tuqam]
canibal (m)	нахбуург	[nahbu'urg]
caçador (m)	таллархо	[tallarhɔ]
caçar (vi)	талла эха	[tall eh]
mamute (m)	мамонт	[mamɔnt]
caverna (f)	хьех	[heh]
fogo (m)	цIе	[ts'e]
fogueira (f)	цIе	[ts'e]
pintura (f) rupestre	тархаш тIера суьрташ	[tarhaʃ t'er sʉrtaʃ]
ferramenta (f)	къинхьегаман гIирс	[qʔɪnhegaman ɣɪrs]
lança (f)	гоьмукъ	[gømuqʔ]
machado (m) de pedra	тIулгийн диг	[t'ulgɪːn dɪg]
guerrear (vt)	тIом бан	[t'ɔm ban]
domesticar (vt)	караламо	[kara'amɔ]
ídolo (m)	цIу	[ts'u]
adorar, venerar (vt)	текъа	[teqʔ]
superstição (f)	доьгIначух тешар	[døɣnatʃuh teʃar]
ritual (m)	Iадат	['adat]
evolução (f)	эволюци	[ɛvɔlʉtsɪ]
desenvolvimento (m)	кхиам	[qɪam]
desaparecimento (m)	дIадалар	[d'adalar]
adaptar-se (vr)	дIадола	[d'adɔl]
arqueologia (f)	археологи	[arheɔlɔgɪ]
arqueólogo (m)	археолог	[arheɔlɔg]
arqueológico	археологин	[arheɔlɔgɪn]
local (m) das escavações	ахкар	[ahkar]
escavações (f pl)	ахкар	[ahkar]
achado (m)	карийнарг	[karɪːnarg]
fragmento (m)	дакъа	[daqʔ]

116. Idade média

povo (m)	халкъ	[halqʔ]
povos (m pl)	адамаш	[adamaʃ]
tribo (f)	тукхам	[tuqam]
tribos (f pl)	тукхамаш	[tuqamaʃ]
bárbaros (m pl)	варварш	[varvarʃ]

gauleses (m pl)	галлаш	[gallaʃ]
godos (m pl)	готаш	[gɔtaʃ]
eslavos (m pl)	славянаш	[slavʲanaʃ]
víquingues (m pl)	викинг	[wɪkɪng]
romanos (m pl)	римлянаш	[rɪmljanaʃ]
romano	римски	[rɪmskɪ]
bizantinos (m pl)	византийцаш	[wɪzantɪːtsaʃ]
Bizâncio	Византи	[wɪzantɪ]
bizantino	византийн	[wɪzantɪːn]
imperador (m)	император	[ɪmperatɔr]
líder (m)	баьчча	[bætʃ]
poderoso	нуьцкъала	[nʉtsqʔal]
rei (m)	паччахь	[patʃah]
governante (m)	урхалча	[urhaltʃ]
cavaleiro (m)	къонах	[qʔɔnah]
senhor feudal (m)	феодал	[feɔdal]
feudal	феодалийн	[feɔdalɪːn]
vassalo (m)	вассал	[vassal]
duque (m)	герцог	[gertsɔg]
conde (m)	граф	[graf]
barão (m)	барон	[barɔn]
bispo (m)	епископ	[epɪskɔp]
armadura (f)	гӀарӀ	[ɣaɣ]
escudo (m)	турс	[turs]
espada (f)	гӀалакх	[ɣalaq]
viseira (f)	цхар	[tshar]
cota (f) de malha	гӀарӀ	[ɣaɣ]
cruzada (f)	жӀаран тӀом	[ʒʼaran tʼɔm]
cruzado (m)	жӀархо	[ʒʼarhɔ]
território (m)	латта	[latt]
atacar (vt)	тӀелата	[tʼelat]
conquistar (vt)	даккха	[dakq]
ocupar, invadir (vt)	дӀалаца	[dʼalats]
assédio, sítio (m)	лацар	[latsar]
sitiado	лаьцна	[lætsn]
assediar, sitiar (vt)	лаца	[lats]
inquisição (f)	Іазап латтор	[ˈazap lattɔr]
inquisidor (m)	Іазап латторхо	[ˈazap lattɔrhɔ]
tortura (f)	Іазап	[ˈazap]
cruel	къиза	[qʔɪz]
herege (m)	мунепакъ	[munepaqʔ]
heresia (f)	мунепакъ-Іилма	[munepaqʔ ˈɪlm]
navegação (f) marítima	хикема лелор	[hɪkem lelɔr]
pirata (m)	пират	[pɪrat]
pirataria (f)	пираталла	[pɪratall]

abordagem (f)	абордаж	[abɔrdaʒ]
presa (f), butim (m)	хlонц	[h'ɔnts]
tesouros (m pl)	хазна	[hazn]

descobrimento (m)	гучудаккхар	[gutʃudakqar]
descobrir (novas terras)	гучудаккха	[gutʃudakq]
expedição (f)	экспедици	[ɛkspedɪtsɪ]

mosqueteiro (m)	мушкетёр	[muʃket'or]
cardeal (m)	кардинал	[kardɪnal]
heráldica (f)	геральдика	[geraljdɪk]
heráldico	геральдически	[geraljdɪtʃeskɪ]

117. Líder. Chefe. Autoridades

rei (m)	паччахь	[patʃah]
rainha (f)	зуда-паччахь	[zud patʃah]
real	паччахьан	[patʃahan]
reino (m)	паччахьалла	[patʃahall]

| príncipe (m) | принц | [prɪnts] |
| princesa (f) | принцесса | [prɪntsess] |

presidente (m)	президент	[patʃah]
vice-presidente (m)	вице-президент	[wɪtse prezɪdent]
senador (m)	сенатхо	[senatho]

monarca (m)	монарх	[mɔnarh]
governante (m)	урхалча	[urhaltʃ]
ditador (m)	диктатор	[dɪktatɔr]
tirano (m)	lазапхо	['azapho]
magnata (m)	магнат	[magnat]

diretor (m)	директор	[dɪrektɔr]
chefe (m)	куьйгалхо	[kʉjgalho]
dirigente (m)	урхалхо	[urhalho]
patrão (m)	хьаькам	[hækam]
dono (m)	да	[d]

chefe (~ de delegação)	куьйгалхо	[kʉjgalho]
autoridades (f pl)	хьаькамаш	[hækamaʃ]
superiores (m pl)	хьаькамаш	[hækamaʃ]

governador (m)	губернатор	[gubernatɔr]
cônsul (m)	консул	[kɔnsul]
diplomata (m)	дипломат	[dɪplɔmat]

| Presidente (m) da Câmara | мэр | [mɛr] |
| xerife (m) | шериф | [ʃɛrɪf] |

imperador (m)	император	[ɪmperatɔr]
czar (m)	паччахь	[patʃah]
faraó (m)	пирlон	[pɪr'ɔn]
cã (m)	хан	[han]

118. Viloação da lei. Criminosos. Parte 1

bandido (m)	талорхо	[talɔrhɔ]
crime (m)	зулам	[zulam]
criminoso (m)	зуламхо	[zulamho]

ladrão (m)	къу	[qʔu]
furto, roubo (m)	къола	[qʔɔl]

raptar (ex. ~ uma criança)	лачкъо	[latʃqʔɔ]
rapto (m)	лачкъор	[latʃqʔɔr]
raptor (m)	лачкъийнарг	[latʃqʔiːnarg]

resgate (m)	мах	[mah]
pedir resgate	мехах схьаэцар	[mehah shaǝtsar]

roubar (vt)	талор дан	[talɔr dan]
assalto, roubo (m)	талор, талор дар	[talɔr], [talɔr dar]
assaltante (m)	талорхо	[talɔrhɔ]

extorquir (vt)	нуьцкъала даккха	[nʉtsqʔal dakq]
extorsionário (m)	даккха гlертарг	[dakq ɣertarg]
extorsão (f)	нуьцкъала даккхар	[nʉtsqʔal dakqar]

matar, assassinar (vt)	ден	[den]
homicídio (m)	дер	[der]
homicida, assassino (m)	дийнарг	[dɪːnarg]

tiro (m)	ялар	[jalar]
dar um tiro	кхосса	[qɔss]
matar a tiro	тоьпаца ден	[tøpats den]
atirar, disparar (vi)	кхийса	[qɪːs]
tiroteio (m)	кхийсар	[qɪːsar]

incidente (m)	хилларг	[hɪllarg]
briga (~ de rua)	вовшахлатар	[vɔvʃahlatar]
Socorro!	Гlо дан кхайкха! Орца дала!	[ɣɔ dan qajqa!], [ɔrts dal]
vítima (f)	хlаллакъхилларг	[h'allaqʔɪllarg]

danificar (vt)	зен дан	[zen dan]
dano (m)	зен	[zen]
cadáver (m)	дакъа	[daqʔ]
grave	доккха	[dɔkq]

atacar (vt)	тlелата	[tʼelat]
bater (espancar)	етта	[ett]
espancar (vt)	етта	[ett]
tirar, roubar (dinheiro)	дlадаккха	[dʼadakq]
esfaquear (vt)	урс хьакха	[urs haq]
mutilar (vt)	заьlап дан	[zæʼap dan]
ferir (vt)	чов ян	[tʃov jan]

chantagem (f)	шантаж	[ʃantaʒ]
chantagear (vt)	шантаж ян	[ʃantaʒ jan]

chantagista (m)	шантажхо	[ʃantaʒho]
extorsão	рэкет	[rɛket]
(em troca de proteção)		
extorsionário (m)	рэкитхо	[rɛkɪtho]
gângster (m)	гангстер	[gangster]
máfia (f)	мафи	[mafɪ]

carteirista (m)	кисанан курхалча	[kɪsanan kurhaltʃ]
assaltante, ladrão (m)	къу	[qʔu]
contrabando (m)	контрабанда	[kɔntraband]
contrabandista (m)	контрабандхо	[kɔntrabandho]

falsificação (f)	харц хӏума дар	[harts h'um dar]
falsificar (vt)	тардан	[tardan]
falsificado	харц	[harts]

119. Viloação da lei. Criminosos. Parte 2

violação (f)	хьийзор	[hɪːzɔr]
violar (vt)	хьийзо	[hɪːzɔ]
violador (m)	ницкъбархо	[nɪtsqʔbarhɔ]
maníaco (m)	маньяк	[manjak]

prostituta (f)	кхахьпа	[qahp]
prostituição (f)	кхахьпалла	[qahpall]
chulo (m)	сутенёр	[sutenʲor]

toxicodependente (m)	наркоман	[narkɔman]
traficante (m)	наркоткиаш йохкархо	[narkɔtɪkaʃ johkarhɔ]

explodir (vt)	эккхийта	[ɛkqɪːt]
explosão (f)	эккхар	[ɛkqar]
incendiar (vt)	лато	[latɔ]
incendiário (m)	цӏетасархо	[ts'etasarhɔ]

terrorismo (m)	терроризм	[terrɔrɪzm]
terrorista (m)	террорхо	[terrɔrhɔ]
refém (m)	закъалт	[zaqʔalt]

enganar (vt)	ӏехо	['eho]
engano (m)	ӏехор	['ehor]
vigarista (m)	хӏилланча	[h'ɪllantʃ]

subornar (vt)	эца	[ɛts]
suborno (atividade)	эцар	[ɛtsar]
suborno (dinheiro)	кхаъ	[qaʔ]

veneno (m)	дӏовш	[d'ɔvʃ]
envenenar (vt)	дӏовш мало	[d'ɔvʃ malɔ]
envenenar-se (vr)	дӏовш мала	[d'ɔvʃ mal]

suicídio (m)	ша-шен дар	[ʃa ʃen dar]
suicida (m)	ша-шен дийнарг	[ʃa ʃen dɪːnarg]
ameaçar (vt)	кхерам тийса	[qeram tɪːs]

ameaça (f)	кхерор	[qerɔr]
atentar contra a vida de …	гӏерта	[ɣert]
atentado (m)	гӏортар	[ɣɔrtar]
roubar (o carro)	дӏадига	[d'adɪg]
desviar (o avião)	дӏадига	[d'adɪg]
vingança (f)	чӏир	[tʃ'ɪr]
vingar (vt)	бекхам бан	[beqam ban]
torturar (vt)	ӏазап дан	['azap dan]
tortura (f)	ӏазап	['azap]
atormentar (vt)	ӏазап далло	['azap dallɔ]
pirata (m)	пират	[pɪrat]
desordeiro (m)	хулиган	[hulɪgan]
armado	герзан	[gerzan]
violência (f)	ницкъ бар	[nɪtsqʔ bar]
espionagem (f)	шпионаж	[ʃpɪɔnaʒ]
espionar (vi)	зен	[zen]

120. Polícia. Lei. Parte 1

justiça (f)	дов хаттар	[dɔv hattar]
tribunal (m)	суд	[sud]
juiz (m)	суьдхо	[sudhɔ]
jurados (m pl)	векалш	[wekalʃ]
tribunal (m) do júri	векалашан суьд	[wekalaʃan sud]
julgar (vt)	суд ян	[sud jan]
advogado (m)	хьехамча	[hehamtʃ]
réu (m)	суьдерниг	[sudernɪg]
banco (m) dos réus	суьдерниган гӏант	[sudernɪgan ɣant]
acusação (f)	бехкедар	[behkedar]
acusado (m)	бехкевийриг	[behkevɪ:rɪg]
sentença (f)	кхел	[qel]
sentenciar (vt)	кхел ян	[qel jan]
culpado (m)	бехкениг	[behkenɪg]
punir (vt)	тӏазар дан	[ta'zar dan]
punição (f)	тӏазар	[ta'zar]
multa (f)	гӏуда	[ɣud]
prisão (f) perpétua	валлалц чуволлар	[vallalts tʃuvɔllar]
pena (f) de morte	ден суд ян	[den sud jan]
cadeira (f) elétrica	электрически гӏант	[ɛlektrɪtʃeskɪ ɣant]
forca (f)	тангӏалкх	[tanɣalq]
executar (vt)	ден	[den]
execução (f)	ден суд яр	[den sud jar]

prisão (f)	набахте	[nabahte]
cela (f) de prisão	камера	[kamer]
escolta (f)	кано	[kanɔ]
guarda (m) prisional	тӏехьожург	[t'ehɔʒurg]
preso (m)	лаьцна стаг	[læts̄n stag]
algemas (f pl)	гӏоьмаш	[ɣømaʃ]
algemar (vt)	гӏоьмаш йохка	[ɣømaʃ johk]
fuga, evasão (f)	дадар	[dadar]
fugir (vi)	дада	[dad]
desaparecer (vi)	къайладала	[qʔajladal]
soltar, libertar (vt)	мукъадаккха	[muqʔadakq]
amnistia (f)	амнисти	[amnɪstɪ]
polícia (instituição)	полици	[polɪt͡sɪ]
polícia (m)	полици	[polɪt͡sɪ]
esquadra (f) de polícia	полицин дакъа	[polɪt͡sɪn daqʔ]
cassetete (m)	резинин чхьонкар	[rezɪnɪn t͡ʃhonkar]
megafone (m)	рупор	[rupɔr]
carro (m) de patrulha	патрулан машина	[patrulan maʃɪn]
sirene (f)	сирена	[sɪren]
ligar a sirene	сирена лато	[sɪren latɔ]
toque (m) da sirene	угӏар	[uɣar]
cena (f) do crime	хилла меттиг	[hɪll mettɪg]
testemunha (f)	теш	[teʃ]
liberdade (f)	паргӏато	[parɣatɔ]
cúmplice (m)	декъахо	[deqʔaho]
escapar (vi)	къайладала	[qʔajladal]
traço (não deixar ~s)	лар	[lar]

121. Polícia. Lei. Parte 2

procura (f)	лахар	[lahar]
procurar (vt)	леха	[leh]
suspeita (f)	шекхилар	[ʃək'hɪlar]
suspeito	шеконан	[ʃəkɔnan]
parar (vt)	сацо	[sat͡sɔ]
deter (vt)	сацо	[sat͡sɔ]
caso (criminal)	дов	[dɔv]
investigação (f)	таллам	[tallam]
detetive (m)	детектив, лахарча	[detektɪv], [lahart͡ʃ]
investigador (m)	талламхо	[tallamho]
versão (f)	верси	[wersɪ]
motivo (m)	бахьана	[bahan]
interrogatório (m)	ледар	[ledar]
interrogar (vt)	ледан	[ledan]
questionar (vt)	ледан	[ledan]
verificação (f)	хьажар	[haʒar]

batida (f) policial	го бар	[gɔ bar]
busca (f)	хьажар	[haʒar]
perseguição (f)	тӀаьхьадалар	[t'æhadalar]
perseguir (vt)	тӀаьхьадаьлла лела	[t'æhadæll lel]
seguir (vt)	хьежа	[heʒ]
prisão (f)	лацар	[latsar]
prender (vt)	лаца	[lats]
pegar, capturar (vt)	схьалаца	[shalats]
documento (m)	документ	[dɔkument]
prova (f)	тешам	[teʃam]
provar (vt)	тешо	[teʃɔ]
pegada (f)	лар	[lar]
impressões (f pl) digitais	тӀелгийн таммагӀанаш	[t'elgiːn tammaɣanaʃ]
prova (f)	бахьана	[bahan]
álibi (m)	алиби	[alɪbɪ]
inocente	бехке доцу	[behke dɔtsu]
injustiça (f)	нийсо цахилар	[nɪːsɔ tsahɪlar]
injusto	нийса доцу	[nɪːs dɔtsu]
criminal	криминалан	[krɪmɪnalan]
confiscar (vt)	пачхьалкхдаккха	[patʃhalqdakq]
droga (f)	наркотик	[narkɔtɪk]
arma (f)	герз	[gerz]
desarmar (vt)	герз схьадаккха	[gerz shadakq]
ordenar (vt)	омра дан	[ɔmr dan]
desaparecer (vi)	къайладала	[qʔajladal]
lei (f)	закон	[zakɔn]
legal	законехь	[zakɔneh]
ilegal	законехь доцу	[zakɔneh dɔtsu]
responsabilidade (f)	жоьпалла	[ʒøpall]
responsável	жоьпаллин	[ʒøpallɪn]

NATUREZA

A Terra. Parte 1

122. Espaço sideral

cosmos (m)	космос	[kɔsmɔs]
cósmico	космосан	[kɔsmɔsan]
espaço (m) cósmico	космосан меттиг	[kɔsmɔsan mettɪg]
mundo (m)	дуьне	[dʉne]
universo (m)	Іалам	['alam]
galáxia (f)	галактика	[galaktɪk]
estrela (f)	седа	[sed]
constelação (f)	седарчий гулам	[sedartʃɪ: gulam]
planeta (m)	дуьне	[dʉne]
satélite (m)	спутник	[sputnɪk]
meteorito (m)	метеорит	[meteɔrɪt]
cometa (m)	комета	[kɔmet]
asteroide (m)	астероид	[asterɔɪd]
órbita (f)	орбита	[ɔrbɪt]
girar (vi)	хьийза	[hɪ:z]
atmosfera (f)	хІаваъ	[h'ava?]
Sol (m)	Малх	[malh]
Sistema (m) Solar	Маьлхан система	[mælhan sɪstem]
eclipse (m) solar	малх лацар	[malh latsar]
Terra (f)	Латта	[latt]
Lua (f)	Бутт	[butt]
Marte (m)	Марс	[mars]
Vénus (f)	Венера	[wener]
Júpiter (m)	Юпитер	[jupɪter]
Saturno (m)	Сатурн	[saturn]
Mercúrio (m)	Меркурий	[merkurɪ:]
Urano (m)	Уран	[uran]
Neptuno (m)	Нептун	[neptun]
Plutão (m)	Плутон	[plutɔn]
Via Láctea (f)	Ча такхийна Тача	[tʃa taqɪ:n tatʃ]
Ursa Maior (f)	ВорхІ вешин ворхІ седа	[vɔrh weʃɪn vɔrh sed]
Estrela Polar (f)	Къилбаседа	[q?ɪlbased]
marciano (m)	марсианин	[marsɪanɪn]
extraterrestre (m)	инопланетянин	[ɪnɔplanet'anɪn]

alienígena (m)	пришелец	[prɪʃelets]
disco (m) voador	хlаваэхула лела тарелка	[h'avaɛhul lel tarelk]
nave (f) espacial	космосан кема	[kɔsmɔsan kem]
estação (f) orbital	орбитин станци	[ɔrbɪtɪn stantsɪ]
lançamento (m)	старт	[start]
motor (m)	двигатель	[dwɪgatelj]
bocal (m)	сопло	[sɔplɔ]
combustível (m)	ягорг	[jagɔrg]
cabine (f)	кабина	[kabɪn]
antena (f)	антенна	[anten]
vigia (f)	иллюминатор	[ɪllʉmɪnatɔr]
bateria (f) solar	маьлхан батарей	[mælhan batarej]
traje (m) espacial	скафандр	[skafandr]
imponderabilidade (f)	йозалла яр	[jozall jar]
oxigénio (m)	кислород	[kɪslɔrɔd]
acoplagem (f)	вовшахтасар	[vɔvʃahtasar]
fazer uma acoplagem	вовшахтасса	[vɔvʃahtass]
observatório (m)	обсерватори	[ɔbservatɔrɪ]
telescópio (m)	телескоп	[teleskɔp]
observar (vt)	тергам бан	[tergam ban]
explorar (vt)	талла	[tall]

123. A Terra

Terra (f)	Латта	[latt]
globo terrestre (Terra)	дуьне	[dʉne]
planeta (m)	дуьне, планета	[dʉne], [planet]
atmosfera (f)	атмосфера	[atmɔsfer]
geografia (f)	географи	[geɔgrafɪ]
natureza (f)	lалам	['alam]
globo (mapa esférico)	глобус	[glɔbus]
mapa (m)	карта	[kart]
atlas (m)	атлас	[atlas]
Europa (f)	Европа	[evrɔp]
Ásia (f)	Ази	[azɪ]
África (f)	Африка	[afrɪk]
Austrália (f)	Австрали	[avstralɪ]
América (f)	Америка	[amerɪk]
América (f) do Norte	Къилбаседан Америка	[qʔɪlbasedan amerɪk]
América (f) do Sul	Къилбера Америка	[qʔɪlber amerɪk]
Antártida (f)	Антарктида	[antarktɪd]
Ártico (m)	Арктика	[arktɪk]

124. Pontos cardeais

norte (m)	къилбаседа	[qʔɪlbased]
para norte	къилбаседехьа	[qʔɪlbasedeh]
no norte	къилбаседехь	[qʔɪlbasedeh]
do norte	къилбаседан	[qʔɪlbasedan]
sul (m)	къилбе	[qʔɪlbe]
para sul	къилбехьа	[qʔɪlbeh]
no sul	къилбехь	[qʔɪlbeh]
do sul	къилбера	[qʔɪlber]
oeste, ocidente (m)	малхбузе	[malhbuze]
para oeste	малхбузехьа	[malhbuzeh]
no oeste	малхбузехь	[malhbuzeh]
ocidental	малхбузера	[malhbuzer]
leste, oriente (m)	малхбале	[malhbale]
para leste	малхбалехьа	[malhbaleh]
no leste	малхбалехь	[malhbaleh]
oriental	малхбалехьара	[malhbalehar]

125. Mar. Oceano

mar (m)	хӏорд	[h'ɔrd]
oceano (m)	хӏорд, океан	[h'ɔrd], [ɔkean]
golfo (m)	айма	[ajm]
estreito (m)	хидоькъе	[hɪdøqʔe]
terra (f) firme	латта	[latt]
continente (m)	материк	[materɪk]
ilha (f)	гӏайре	[ɣajre]
península (f)	ахгӏайре	['ahɣajre]
arquipélago (m)	архипелаг	[arhɪpelag]
baía (f)	бухта	[buht]
porto (m)	гавань	[gavanj]
lagoa (f)	лагуна	[lagun]
cabo (m)	мара	[mar]
atol (m)	атолл	[atɔll]
recife (m)	риф	[rɪf]
coral (m)	маржак	[marʒak]
recife (m) de coral	маржанийн риф	[marʒanɪːn rɪf]
profundo	кӏоарга	[k'ɔarg]
profundidade (f)	кӏоргалла	[k'ɔrgall]
abismo (m)	бух боцу Іин	[buh bɔtsu 'ɪn]
fossa (f) oceânica	кӏаг	[k'ag]
corrente (f)	дӏаэхар	[d'aəhar]
banhar (vt)	го баькхина хи хила	[gɔ bækqɪn hɪ hɪl]
litoral (m)	хийист	[hɪːɪst]

costa (f)	йист	[jɪst]
maré (f) alta	хӏорд тӏекхетар	[hɔrd tʼeqetar]
refluxo (m), maré (f) baixa	хӏорд чубожа боьлла	[hɔrd tʃubɔʒ bøll]
restinga (f)	гомхе	[gɔmhe]
fundo (m)	бух	[buh]
onda (f)	тулгӏе	[tulɣe]
crista (f) da onda	тулгӏийн дукъ	[tulɣɪːn duqʔ]
espuma (f)	чопа	[tʃɔp]
tempestade (f)	дарц	[darts]
furacão (m)	мох балар	[mɔh balar]
tsunami (m)	цунами	[tsunamɪ]
calmaria (f)	штиль	[ʃtɪlj]
calmo	тийна	[tɪːn]
polo (m)	полюс	[polʉs]
polar	полюсан	[polʉsan]
latitude (f)	шоралла	[ʃɔrall]
longitude (f)	дохалла	[dɔhall]
paralela (f)	параллель	[parallelj]
equador (m)	экватор	[ɛkvatɔr]
céu (m)	дуьне	[dune]
horizonte (m)	ана	[an]
ar (m)	хӏаваъ	[hʔavaʔ]
farol (m)	маяк	[majak]
mergulhar (vi)	чулелха	[tʃulelh]
afundar-se (vr)	бухадаха	[buhadah]
tesouros (m pl)	хазна	[hazn]

126. Nomes de Mares e Oceanos

Oceano (m) Atlântico	Атлантически хӏорд	[ˈatlantɪtʃeskɪ hɔrd]
Oceano (m) Índico	Индихойн хӏорд	[ɪndɪhojn hɔrd]
Oceano (m) Pacífico	Тийна хӏорд	[tɪːn hɔrd]
Oceano (m) Ártico	Къилбаседанан Шен хӏорд	[qʔɪlbasedanan ʃɛn hɔrd]
Mar (m) Negro	Іаьржа хӏорд	[ˈærʒ hɔrd]
Mar (m) Vermelho	Цӏен хӏорд	[tsʼen hɔrd]
Mar (m) Amarelo	Можа хӏорд	[mɔʒ hɔrd]
Mar (m) Branco	Кӏайн хӏорд	[kʼajn hɔrd]
Mar (m) Cáspio	Каспи хӏорд	[kaspɪ hɔrd]
Mar (m) Morto	Са доцу хӏорд	[sa dɔtsu hɔrd]
Mar (m) Mediterrâneo	Средиземни хӏорд	[sredɪzemnɪ hɔrd]
Mar (m) Egeu	Эгейски хӏорд	[ɛgejskɪ hɔrd]
Mar (m) Adriático	Адреатически хӏорд	[ˈadreatɪtʃeskɪ hɔrd]
Mar (m) Arábico	Аравийски хӏорд	[ˈaravɪːskɪ hɔrd]
Mar (m) do Japão	Японийн хӏорд	[japɔnɪːn hɔrd]

Mar (m) de Bering	Берингово хIорд	[berɪngɔvɔ h'ɔrd]
Mar (m) da China Meridional	Къилба-Китайн хIорд	[qʔɪlb kɪtajn h'ɔrd]
Mar (m) de Coral	Маржанийн хIорд	[marʒanɪːn h'ɔrd]
Mar (m) de Tasman	Тасманово хIорд	[tasmanɔvɔ h'ɔrd]
Mar (m) do Caribe	Карибски хIорд	[karɪbskɪ h'ɔrd]
Mar (m) de Barents	Баренцово хIорд	[barentsɔvɔ h'ɔrd]
Mar (m) de Kara	Карски хIорд	[karskɪ h'ɔrd]
Mar (m) do Norte	Къилбаседан хIорд	[qʔɪlbasedan h'ɔrd]
Mar (m) Báltico	Балтийски хIорд	[baltɪːskɪ h'ɔrd]
Mar (m) da Noruega	Норвержски хIорд	[nɔrwerʒskɪ h'ɔrd]

127. Montanhas

montanha (f)	лам	[lam]
cordilheira (f)	ламнийн морIа	[lamnɪːn mɔɣ]
serra (f)	ламанан дукъ	[lamanan duqʔ]
cume (m)	бохь	[bɔh]
pico (m)	бохь	[bɔh]
sopé (m)	кIажа	[k'aʒ]
declive (m)	басе	[base]
vulcão (m)	тIаплам	[t'aplam]
vulcão (m) ativo	тIепинг	[t'epɪng]
vulcão (m) extinto	байна тIаплам	[bajn t'aplam]
erupção (f)	хьалатохар	[halatɔhar]
cratera (f)	кратер	[krater]
magma (m)	магма	[magm]
lava (f)	лава	[lav]
fundido (lava ~a)	цIийдина	[tsʼɪːdɪn]
desfiladeiro (m)	Iин	['ɪn]
garganta (f)	чIож	[ʧ'ɔʒ]
fenda (f)	чIаж	[ʧ'aʒ]
passo, colo (m)	ламанан дукъ	[lamanan duqʔ]
planalto (m)	акъари	['aqʔarɪ]
falésia (f)	тарх	[tarh]
colina (f)	гу	[gu]
glaciar (m)	ша-ор	[ʃa ɔr]
queda (f) d'água	чухчари	[ʧuhʧarɪ]
géiser (m)	гейзер	[gejzer]
lago (m)	Iам	['am]
planície (f)	аре	[are]
paisagem (f)	пейзаж	[pejzaʒ]
eco (m)	йилбазмохь	[jɪlbazmɔh]
alpinista (m)	алтпинист	[altpɪnɪst]
escalador (m)	тархашхо	[tarhaʃhɔ]

conquistar (vt)	карадало	[karadɔlɔ]
subida, escalada (f)	тӏедалар	[tʼedalar]

128. Nomes de montanhas

Alpes (m pl)	Альпаш	[aljpaʃ]
monte Branco (m)	Монблан	[mɔnblan]
Pirineus (m pl)	Пиренеи	[pɪreneɪ]
Cárpatos (m pl)	Карпаташ	[karpataʃ]
montes (m pl) Urais	Уралан лаьмнаш	[uralan læmnaʃ]
Cáucaso (m)	Кавказ	[kavkɑz]
Elbrus (m)	Эльбрус	[ɛljbrus]
Altai (m)	Алтай	[altaj]
Tian Shan (m)	Тянь-Шань	[tʲanj ʃanj]
Pamir (m)	Памир	[pamɪr]
Himalaias (m pl)	Гималаи	[gɪmalaɪ]
monte (m) Everest	Эверест	[ɛwerest]
Cordilheira (f) dos Andes	Анднаш	[andnaʃ]
Kilimanjaro (m)	Килиманджаро	[kɪlɪmandʒarɔ]

129. Rios

rio (m)	доьду хи	[dødu hɪ]
fonte, nascente (f)	хьост, шовда	[hɔst], [ʃɔvd]
leito (m) do rio	харш	[harʃ]
bacia (f)	бассейн	[bassejn]
desaguar no …	кхета	[qet]
afluente (m)	га	[g]
margem (do rio)	хийист	[hiːɪst]
corrente (f)	дӏаэхар	[dʼaəhar]
rio abaixo	хица охьа	[hɪts ɔh]
rio acima	хица хьала	[hɪts hal]
inundação (f)	хи тӏедалар	[hɪ tʼedalar]
cheia (f)	дестар	[destar]
transbordar (vi)	деста	[dest]
inundar (vt)	дӏахьулдан	[dʼahuldan]
banco (m) de areia	гомхалла	[gɔmhall]
rápidos (m pl)	тарх	[tarh]
barragem (f)	сунт	[sunt]
canal (m)	татол	[tatɔl]
reservatório (m) de água	латтӏийла	[lattɪːl]
eclusa (f)	шлюз	[ʃlʉz]
corpo (m) de água	ӏам	[ˈam]
pântano (m)	уьшал	[ʉʃal]

tremedal (m)	уьшал	[ʉʃal]
remoinho (m)	айма	[ajm]
arroio, regato (m)	татол	[tatɔl]
potável	молу	[mɔlu]
doce (água)	теза	[tez]
gelo (m)	ша	[ʃ]
congelar-se (vr)	ша бан	[ʃa ban]

130. Nomes de rios

rio Sena (m)	Сена	[sen]
rio Loire (m)	Луара	[luar]
rio Tamisa (m)	Темза	[temz]
rio Reno (m)	Рейн	[rejn]
rio Danúbio (m)	Дунай	[dunaj]
rio Volga (m)	Волга	[vɔlg]
rio Don (m)	Дон	[dɔn]
rio Lena (m)	Лена	[len]
rio Amarelo (m)	Хуанхэ	[huanhɛ]
rio Yangtzé (m)	Янцзы	[jantszı]
rio Mekong (m)	Меконг	[mekɔng]
rio Ganges (m)	Ганг	[gang]
rio Nilo (m)	Нил	[nɪl]
rio Congo (m)	Конго	[kɔngɔ]
rio Cubango (m)	Окаванго	[ɔkavangɔ]
rio Zambeze (m)	Замбези	[zambezɪ]
rio Limpopo (m)	Лимпопо	[lɪmpɔpɔ]
rio Mississípi (m)	Миссисипи	[mɪssɪsɪpɪ]

131. Floresta

floresta (f), bosque (m)	хьун	[hun]
florestal	хьунан	[hunan]
mata (f) cerrada	варш	[varʃ]
arvoredo (m)	боьлак	[bølak]
clareira (f)	ирзу	[ɪrzu]
matagal (m)	коьллаш	[køllaʃ]
mato (m)	колл	[kɔll]
vereda (f)	тача	[tatʃ]
ravina (f)	боьра	[bør]
árvore (f)	дитт	[dɪtt]
folha (f)	гӏа	[ɣa]

folhagem (f)	гӏаш	[ɣaʃ]
queda (f) das folhas	гӏа дожар	[ɣa dɔʒar]
cair (vi)	охьа дожа	[ɔh dɔʒ]
topo (m)	бохь	[bɔh]
ramo (m)	га	[g]
galho (m)	га	[g]
botão, rebento (m)	патар	[patar]
agulha (f)	кӏохцалг	[k'ɔhtsalg]
pinha (f)	бӏар	[b'ar]
buraco (m) de árvore	хара	[har]
ninho (m)	бен	[ben]
toca (f)	ӏуьрг	['ʉrg]
tronco (m)	гӏад	[ɣad]
raiz (f)	орам	[ɔram]
casca (f) de árvore	кевстиг	[kevstɪg]
musgo (m)	корсам	[kɔrsam]
arrancar pela raiz	бухдаккха	[buhdakq]
cortar (vt)	хьакха	[haq]
desflorestar (vt)	хьакха	[haq]
toco, cepo (m)	юьхк	[juhk]
fogueira (f)	цӏе	[ts'e]
incêndio (m) florestal	цӏе	[ts'e]
apagar (vt)	дӏадайа	[d'adaj]
guarda-florestal (m)	хьуьнхо	[hʉnho]
proteção (f)	лардар	[lardar]
proteger (a natureza)	лардан	[lardan]
caçador (m) furtivo	браконьер	[brakɔnjer]
armadilha (f)	гура	[gur]
colher (cogumelos, bagas)	лахьо	[lahɔ]
perder-se (vr)	тила	[tɪl]

132. Recursos naturais

recursos (m pl) naturais	ӏаламан тӏаьхьалонаш	['alaman t'æhalɔnaʃ]
minerais (m pl)	пайде маьӏданаш	[pajde mæ'danaʃ]
depósitos (m pl)	маьӏданаш	[mæ'danaʃ]
jazida (f)	маьӏданаш дохку	[mæ'danaʃ dɔhku]
extrair (vt)	даккха	[dakq]
extração (f)	даккхар	[dakqar]
minério (m)	маьӏда	[mæ'd]
mina (f)	маьӏда доккхийла, шахта	[mæ'd dɔkqɪːl], [ʃaht]
poço (m) de mina	шахта	[ʃaht]
mineiro (m)	кӏорабаккхархо	[k'ɔrabakqarhɔ]
gás (m)	газ	[gaz]
gasoduto (m)	газъюьӏгург	[gaz?ʉgurg]

petróleo (m)	нефть	[neftʲ]
oleoduto (m)	нефтьузург	[neftʲuzurg]
poço (m) de petróleo	нефтан чардакх	[neftan tʃardaq]
torre (f) petrolífera	буру туху вышка	[buru tuhu vɪʃk]
petroleiro (m)	танкер	[tanker]
areia (f)	гӏум	[ɣum]
calcário (m)	кир-маьӏда	[kɪr mæ'd]
cascalho (m)	жагӏа	[ʒaɣ]
turfa (f)	lexa	['eh]
argila (f)	поппар	[pɔppar]
carvão (m)	кӏора	[k'ɔr]
ferro (m)	эчиг	[ɛtʃɪg]
ouro (m)	деши	[deʃɪ]
prata (f)	дети	[detɪ]
níquel (m)	никель	[nɪkelj]
cobre (m)	цӏаста	[ts'ast]
zinco (m)	цинк	[tsɪnk]
manganês (m)	марганец	[marganets]
mercúrio (m)	гинсу	[gɪnsu]
chumbo (m)	даш	[daʃ]
mineral (m)	минерал	[mɪneral]
cristal (m)	кристалл	[krɪstall]
mármore (m)	шагатӏулг	[ʃagat'ulg]
urânio (m)	уран	[uran]

A Terra. Parte 2

133. Tempo

tempo (m)	хенан хlоттам	[henan h'ɔttam]
previsão (f) do tempo	хенан хlоттаман прогноз	[henan h'ɔttaman prɔgnɔz]
temperatura (f)	температура	[temperatur]
termómetro (m)	термометр	[termɔmetr]
barómetro (m)	барометр	[barɔmetr]
humidade (f)	тlуьнан	[t'ʉnan]
calor (m)	йовхо	[jovho]
cálido	довха	[dɔvh]
está muito calor	йовха	[jovh]
está calor	йовха	[jovh]
quente	довха	[dɔvh]
está frio	шийла	[ʃɪːl]
frio	шийла	[ʃɪːl]
sol (m)	малх	[malh]
brilhar (vi)	кхета	[qet]
de sol, ensolarado	маьлхан	[mælhan]
nascer (vi)	схьакхета	[shaqet]
pôr-se (vr)	чубуза	[tʃubuz]
nuvem (f)	марха	[marh]
nublado	мархаш йолу	[marhaʃ jolu]
nuvem (f) preta	марха	[marh]
escuro, cinzento	кхоьлина	[qølɪn]
chuva (f)	доgа	[dɔɣ]
está a chover	доgа доgлу	[dɔɣ dɔɣu]
chuvoso	доgане	[dɔɣane]
chuviscar (vi)	серса	[sers]
chuva (f) torrencial	кхевсина доgа	[qevsɪn dɔɣ]
chuvada (f)	доgа	[dɔɣ]
forte (chuva)	чlоgа	[tʃ'ɔɣ]
poça (f)	lам	['am]
molhar-se (vr)	тlадо	[t'adɔ]
nevoeiro (m)	дохк	[dɔhk]
de nevoeiro	дохк долу	[dɔhk dɔlu]
neve (f)	ло	[lɔ]
está a nevar	ло доgлу	[lɔ dɔɣu]

134. Tempo extremo. Catástrofes naturais

trovoada (f)	йочана	[jotʃan]
relâmpago (m)	ткъес	[tqʔes]
relampejar (vi)	стега	[steg]
trovão (m)	стигал къовкъар	[stɪgal qʔɔvqʔar]
trovejar (vi)	къекъа	[qʔeqʔ]
está a trovejar	стигал къекъа	[stɪgal qʔeqʔ]
granizo (m)	къора	[qʔɔr]
está a cair granizo	къора йорly	[qʔɔr joɣu]
inundar (vt)	дӏахьулдан	[dʼahuldan]
inundação (f)	хи тӏедалар	[hɪ tʼedalar]
terremoto (m)	мохк бегор	[mɔhk begɔr]
abalo, tremor (m)	дегар	[degar]
epicentro (m)	эпицентр	[ɛprtsentr]
erupção (f)	хьалатохар	[halatɔhar]
lava (f)	лава	[lav]
turbilhão (m)	йилбазмох	[jɪlbazmɔh]
tornado (m)	торнадо	[tɔrnadɔ]
tufão (m)	тайфун	[tajfun]
furacão (m)	мох балар	[mɔh balar]
tempestade (f)	дарц	[darts]
tsunami (m)	цунами	[tsunamɪ]
ciclone (m)	дарц	[darts]
mau tempo (m)	йочана	[jotʃan]
incêndio (m)	цӏе	[tsʼe]
catástrofe (f)	катастрофа	[katastrɔf]
meteorito (m)	метеорит	[meteɔrɪt]
avalanche (f)	хьаьтт	[hætt]
deslizamento (m) de neve	чухарцар	[tʃuhartsar]
nevasca (f)	дарц	[darts]
tempestade (f) de neve	дарц	[darts]

Fauna

135. Mamíferos. Predadores

predador (m)	гIира экха	[ɣɪr ɛq]
tigre (m)	цIоькъалом	[ts'øq?alɔm]
leão (m)	лом	[lɔm]
lobo (m)	борз	[bɔrz]
raposa (f)	цхьогал	[tshɔgal]
jaguar (m)	ягуар	[jaguar]
leopardo (m)	леопард	[leɔpard]
chita (f)	гепард	[gepard]
pantera (f)	пантера	[panter]
puma (m)	пума	[pum]
leopardo-das-neves (m)	лайн цIокъ	[lajn ts'ɔq?]
lince (m)	акха цициг	[aq tsɪtsɪg]
coiote (m)	койот	[kɔjot]
chacal (m)	чаг1алкх	[tʃaɣalq]
hiena (f)	чаг1алкх	[tʃaɣalq]

136. Animais selvagens

animal (m)	дийнат	[dɪːnat]
besta (f)	экха	[ɛq]
esquilo (m)	тарсал	[tarsal]
ouriço (m)	зу	[zu]
lebre (f)	пхьагал	[phagal]
coelho (m)	кролик	[krɔlɪk]
texugo (m)	дaIaм	[da'am]
guaxinim (m)	акха жIаьла	['aq ʒ'æl]
hamster (m)	оьпа	[øp]
marmota (f)	дIaм	[d'am]
toupeira (f)	боьлкъазар	[bølq?azar]
rato (m)	дахка	[dahk]
ratazana (f)	мукадахка	[mukadahk]
morcego (m)	бирдолаг	[bɪrdɔlag]
arminho (m)	горностай	[gɔrnɔstaj]
zibelina (f)	салор	[salɔr]
marta (f)	салор	[salɔr]
doninha (f)	дингад	[dɪngad]
vison (m)	норка	[nɔrk]

castor (m)	бобр	[bɔbr]
lontra (f)	хешт	[heʃt]

cavalo (m)	говр	[gɔvr]
alce (m)	боккха сай	[bɔkq saj]
veado (m)	сай	[saj]
camelo (m)	эмкал	[ɛmkal]

bisão (m)	бизон	[bɪzɔn]
auroque (m)	була	[bul]
búfalo (m)	гомаш-буга	[gɔmaʃ bug]

zebra (f)	зебр	[zebr]
antílope (m)	антилопа	[antɪlɔp]
corça (f)	лу	[lu]
gamo (m)	шоьккари	[ʃøkkarɪ]
camurça (f)	масар	[masar]
javali (m)	нал	[nal]

baleia (f)	кит	[kɪt]
foca (f)	тюлень	[tʉlenj]
morsa (f)	морж	[mɔrʒ]
urso-marinho (m)	котик	[kɔtɪk]
golfinho (m)	дельфин	[deljfɪn]

urso (m)	ча	[tʃ]
urso (m) branco	кӏайн ча	[k'ajn tʃa]
panda (m)	панда	[pand]

macaco (em geral)	маймал	[majmal]
chimpanzé (m)	шимпанзе	[ʃɪmpanze]
orangotango (m)	орангутанг	[ɔrangutang]
gorila (m)	горилла	[gɔrɪll]
macaco (m)	макака	[makak]
gibão (m)	гиббон	[gɪbbɔn]

elefante (m)	пийл	[pɪːl]
rinoceronte (m)	мермала	[merma']
girafa (f)	жираф	[ʒɪraf]
hipopótamo (m)	бегемот	[begemɔt]

canguru (m)	кенгуру	[kenguru]
coala (m)	коала	[kɔal]

mangusto (m)	мангуст	[mangust]
chinchila (f)	шиншилла	[ʃɪnʃɪll]
doninha-fedorenta (f)	скунс	[skuns]
porco-espinho (m)	дикобраз	[dɪkɔbraz]

137. Animais domésticos

gata (f)	цициг	[tsɪtsɪg]
gato (m) macho	цициг	[tsɪtsɪg]
cavalo (m)	говр	[gɔvr]

garanhão (m)	айгӏар	[ˈajɣar]
égua (f)	кхела	[qel]
vaca (f)	етта	[ett]
touro (m)	сту	[stu]
boi (m)	сту	[stu]
ovelha (f)	жий	[ʒiː]
carneiro (m)	уьстагӏ	[ʉstaɣ]
cabra (f)	газа	[gaz]
bode (m)	бож	[bɔʒ]
burro (m)	вир	[wɪr]
mula (f)	бӏарза	[bˈarz]
porco (m)	хьакха	[haq]
leitão (m)	хуьрсик	[hʉrsɪk]
coelho (m)	кролик	[krɔlɪk]
galinha (f)	котам	[kɔtam]
galo (m)	боргӏал	[bɔrɣal]
pata (f)	бад	[bad]
pato (macho)	нӏаьна-бад	[nˈæn bad]
ganso (m)	гӏаз	[ɣaz]
peru (m)	москал-нӏаьна	[mɔskal nˈæn]
perua (f)	москал-котам	[mɔskal kɔtam]
animais (m pl) domésticos	цӏера дийнаташ	[tsˈer dɪːnataʃ]
domesticado	каралӏамийна	[karaˈamɪːn]
domesticar (vt)	каралӏамо	[karaˈamɔ]
criar (vt)	лело	[lelɔ]
quinta (f)	ферма	[ferm]
aves (f pl) domésticas	злакардаьхний	[zˈakardæhnɪː]
gado (m)	хьайбанаш	[hajbanaʃ]
rebanho (m), manada (f)	бажа	[baʒ]
estábulo (m)	божал	[bɔʒal]
pocilga (f)	хьакхарчийн божал	[haqartʃɪːn bɔʒal]
estábulo (m)	божал	[bɔʒal]
coelheira (f)	кроликийн бун	[krɔlɪkɪːn bun]
galinheiro (m)	котаман бун	[kɔtaman bun]

138. Pássaros

pássaro (m), ave (f)	олхазар	[ɔlhazar]
pombo (m)	кхокха	[qɔq]
pardal (m)	хьоза	[hɔz]
chapim-real (m)	цӏирцӏирхьоза	[tsˈɪrtsˈɪrhɔz]
pega-rabuda (f)	къорза къиг	[qʔɔrz qʔɪg]
corvo (m)	хьапрӏа	[harɣ]
gralha (f) cinzenta	къиг	[qʔɪg]

gralha-de-nuca-cinzenta (f)	жагӀжагӀа	[ʒaɣʒaɣ]
gralha-calva (f)	човка	[tʃɔvk]
pato (m)	бад	[bad]
ganso (m)	гӀаз	[ɣaz]
faisão (m)	акха котам	[aq kɔtam]
águia (f)	аьрзу	[ærzu]
açor (m)	куьйра	[kʉjr]
falcão (m)	леча	[letʃ]
abutre (m)	ломаьрзу	[lɔmʔærzu]
condor (m)	кондор	[kɔndɔr]
cisne (m)	гӀургӀаз	[ɣurɣaz]
grou (m)	гӀаргӀули	[ɣarɣulɪ]
cegonha (f)	чӀерийдохург	[tʃʼerɪːdɔhurg]
papagaio (m)	тоти	[tɔtɪ]
beija-flor (m)	колибри	[kɔlɪbrɪ]
pavão (m)	тӀаус	[tʼaus]
avestruz (m)	страус	[straus]
garça (f)	чӀерийлоьцург	[tʃʼerɪːløtsurg]
flamingo (m)	фламинго	[flamɪŋɡɔ]
pelicano (m)	пеликан	[pelɪkan]
rouxinol (m)	зарзар	[zarzar]
andorinha (f)	чӀегӀардиг	[tʃʼeɣardɪg]
tordo-zornal (m)	шоршал	[ʃɔrʃal]
tordo-músico (m)	дека шоршал	[dek ʃɔrʃal]
melro-preto (m)	лаьржа шоршал	[ˈærʒ ʃɔrʃal]
andorinhão (m)	мерцхалдиг	[mertshaldɪg]
cotovia (f)	нӀаьвла	[nˈævl]
codorna (f)	лекъ	[leqʔ]
pica-pau (m)	хенакӀур	[henakʼur]
cuco (m)	хӀуттут	[hˈuttut]
coruja (f)	бухӀа	[buhˈ]
corujão, bufo (m)	соька	[søk]
tetraz-grande (m)	къоракуота	[qʔɔrakuɔt]
tetraz-lira (m)	акха котам	[aq kɔtam]
perdiz-cinzenta (f)	моша	[mɔʃ]
estorninho (m)	алкханч	[alqantʃ]
canário (m)	можа хьоза	[mɔʒ hɔz]
galinha-do-mato (f)	акха котам	[aq kɔtam]
tentilhão (m)	хьуьнан хьоза	[hʉnan hɔz]
dom-fafe (m)	лайн хьоза	[lajn hɔz]
gaivota (f)	чайка	[tʃajk]
albatroz (m)	альбатрос	[aljbatrɔs]
pinguim (m)	пингвин	[pɪŋɡwɪn]

139. Peixes. Animais marinhos

brema (f)	чабакх-чIара	[tʃabaq tʃʼar]
carpa (f)	карп	[karp]
perca (f)	окунь	[ɔkunj]
siluro (m)	яй	[jaj]
lúcio (m)	гIазкхийн чIара	[ɣazqɪːn tʃʼar]
salmão (m)	лосось	[lɔsɔsʲ]
esturjão (m)	цIен чIара	[ts'en tʃʼar]
arenque (m)	сельдь	[seljdʲ]
salmão (m)	сёмга	[sʲomg]
cavala, sarda (f)	скумбри	[skumbrɪ]
solha (f)	камбала	[kambal]
lúcio perca (m)	судак	[sudak]
bacalhau (m)	треска	[tresk]
atum (m)	тунец	[tunets]
truta (f)	бакъ чIара	[baq? tʃʼar]
enguia (f)	жIаьлин чIара	[ʒʼælɪn tʃʼar]
raia elétrica (f)	электрически скат	[ɛlektrɪtʃeskɪ skat]
moreia (f)	мурена	[muren]
piranha (f)	пиранья	[pɪranj]
tubarão (m)	гIоркхма	[ɣɔrqm]
golfinho (m)	дельфин	[deljfɪn]
baleia (f)	кит	[kɪt]
caranguejo (m)	краб	[krab]
medusa, alforreca (f)	медуза	[meduz]
polvo (m)	бархIкогберг	[barhʼkɔgberg]
estrela-do-mar (f)	хIордан седа	[hʼɔrdan sed]
ouriço-do-mar (m)	хIордан зу	[hʼɔrdan zu]
cavalo-marinho (m)	хIордан говр	[hʼɔrdan govr]
ostra (f)	устрица	[ustrɪts]
camarão (m)	креветка	[krewetk]
lavagante (m)	омар	[ɔmar]
lagosta (f)	лангуст	[langust]

140. Amfíbios. Répteis

serpente, cobra (f)	лаьхьа	[læh]
venenoso	дIаьвше	[dʼævʃ]
víbora (f)	лаьхьа	[læh]
cobra-capelo, naja (f)	кобра	[kɔbr]
pitão (m)	питон	[pɪtɔn]
jiboia (f)	саьрмикъ	[særmɪqʔ]
cobra-de-água (f)	вотангар	[vɔtangar]

cascavel (f)	шов ден лаьхьа	[ʃov den læh]
anaconda (f)	анаконда	[anakɔnd]
lagarto (m)	моьлкъа	[mølq?]
iguana (f)	игуана	[ɪguan]
varano (m)	варан	[varan]
salamandra (f)	саламандра	[salamandr]
camaleão (m)	хамелион	[hamelɪɔn]
escorpião (m)	скорпион	[skɔrpɪɔn]
tartaruga (f)	уьнтlапхьид	[ʉnt'aphɪd]
rã (f)	пхьид	[phɪd]
sapo (m)	бецан пхьид	[betsan phɪd]
crocodilo (m)	саьрмикъ	[særmɪq?]

141. Insetos

inseto (m)	сагалмат	[sagalmat]
borboleta (f)	полла	[pɔll]
formiga (f)	зингат	[zɪngat]
mosca (f)	моза	[mɔz]
mosquito (m)	чуьрк	[ʨʉrk]
escaravelho (m)	чхьаьвриг	[ʨhævrɪg]
vespa (f)	зIуга	[z'ug]
abelha (f)	наккхармоза	[naqarmɔz]
mamangava (f)	бумбари	[bumbarɪ]
moscardo (m)	тIод	[t'ɔd]
aranha (f)	гезг	[gezg]
teia (f) de aranha	гезгмаша	[gezgmaʃ]
libélula (f)	шайтIанан дин	[ʃajt'anan dɪn]
gafanhoto-do-campo (m)	цIаьпцалг	[ts'æptsalg]
traça (f)	полла	[pɔll]
barata (f)	чхьаьвриг	[ʨhævrɪg]
carraça (f)	веччалг	[weʨalg]
pulga (f)	сагал	[sagal]
borrachudo (m)	пхьажбуург	[phaʒbu'urg]
gafanhoto (m)	цIоз	[ts'ɔz]
caracol (m)	этмаьIиг	[ɛtmæ'ɪg]
grilo (m)	цаьпцалг	[tsæptsalg]
pirilampo (m)	бумбари	[bumbarɪ]
joaninha (f)	дедо	[dedɔ]
besouro (m)	бумбари	[bumbarɪ]
sanguessuga (f)	цIубдар	[ts'ubdar]
lagarta (f)	нlаьвцициг	[n'ævtsɪtsɪg]
minhoca (f)	нlаьна	[n'æn]
larva (f)	нlаьна	[n'æn]

Flora

142. Árvores

árvore (f)	дитт	[dɪtt]
decídua	гӏаш долу	[ɣaʃ dɔlu]
conífera	баганан	[baganan]
perene	гуттар сийна	[guttar sɪːn]
macieira (f)	лаж	[ˈaʒ]
pereira (f)	кхор	[qɔr]
cerejeira, ginjeira (f)	балл	[ball]
ameixeira (f)	хьач	[haʧ]
bétula (f)	дакх	[daq]
carvalho (m)	наж	[naʒ]
tília (f)	хьех	[heh]
choupo-tremedor (m)	мах	[mah]
bordo (m)	къахк	[qʔahk]
espruce-europeu (m)	база	[baz]
pinheiro (m)	зез	[zez]
alerce, lariço (m)	бага	[bag]
abeto (m)	пихта	[pɪht]
cedro (m)	кедр	[kedr]
choupo, álamo (m)	талл	[tall]
tramazeira (f)	датта	[datt]
salgueiro (m)	дак	[dak]
amieiro (m)	маъ	[maʔ]
faia (f)	поп	[pɔp]
ulmeiro (m)	муьшдечиг	[muʃdeʧɪg]
freixo (m)	къахьашту	[qʔahaʃtu]
castanheiro (m)	каштан	[kaʃtan]
magnólia (f)	магноли	[magnɔlɪ]
palmeira (f)	пальма	[paljm]
cipreste (m)	кипарис	[kɪparɪs]
mangue (m)	мангрови дитт	[mangrɔwɪ dɪtt]
embondeiro, baobá (m)	баобаб	[baɔbab]
eucalipto (m)	эквалипт	[ɛkvalɪpt]
sequoia (f)	секвойя	[sekvɔj]

143. Arbustos

arbusto (m)	колл	[kɔll]
arbusto (m), moita (f)	колл	[kɔll]

videira (f)	кемсаш	[kemsaʃ]
vinhedo (m)	кемсийн беш	[kemsɪ:n beʃ]
framboeseira (f)	цӏен комар	[tsʼen kɔmar]
groselheira-vermelha (f)	цӏен кхезарш	[tsʼen qezarʃ]
groselheira (f) espinhosa	кӏудалгаш	[kʼudalgaʃ]
acácia (f)	акаци	[akatsɪ]
bérberis (f)	муьстарг	[mɵstarg]
jasmim (m)	жасмин	[ʒasmɪn]
junípero (m)	жӏолам	[ʒʼɔlam]
roseira (f)	розанийн кол	[rɔzanɪ:n kɔl]
roseira (f) brava	хьармак	[harmak]

144. Frutos. Bagas

fruta (f)	стом	[stɔm]
frutas (f pl)	стоьмаш	[stɵmaʃ]
maçã (f)	ӏаж	[ʼaʒ]
pera (f)	кхор	[qɔr]
ameixa (f)	хьач	[hatʃ]
morango (m)	цӏазам	[tsʼazam]
ginja, cereja (f)	балл	[ball]
uva (f)	кемсаш	[kemsaʃ]
framboesa (f)	цӏен комар	[tsʼen kɔmar]
groselha (f) preta	ӏаьржа кхезарш	[ʼærʒ qezarʃ]
groselha (f) vermelha	цӏен кхезарш	[tsʼen qezarʃ]
groselha (f) espinhosa	кӏудалгаш	[kʼudalgaʃ]
oxicoco (m)	клюква	[klɵkv]
laranja (f)	апельсин	[apeljsɪn]
tangerina (f)	мандарин	[mandarɪn]
ananás (m)	ананас	[ananas]
banana (f)	банан	[banan]
tâmara (f)	хурма	[hurm]
limão (m)	лимон	[lɪmɔn]
damasco (m)	туьрк	[tɵrk]
pêssego (m)	гӏаммагӏа	[ɣammaɣ]
kiwi (m)	киви	[kɪwɪ]
toranja (f)	грейпфрут	[grejpfrut]
baga (f)	цӏазам	[tsʼazam]
bagas (f pl)	цӏазамаш	[tsʼazamaʃ]
arando (m) vermelho	брусника	[brusnɪk]
morango-silvestre (m)	пхьагал-цӏазам	[phagal tsʼazam]
mirtilo (m)	ӏаьржа балл	[ʼærʒ ball]

145. Flores. Plantas

flor (f)	зезеаг	[zezeag]
ramo (m) de flores	курс	[kurs]
rosa (f)	роза	[rɔz]
tulipa (f)	алцlензlам	['alts'enz'am]
cravo (m)	гвоздика	[gvɔzdɪk]
gladíolo (m)	гладиолус	[gladɪɔlus]
centáurea (f)	сендарг	[sendarg]
campânula (f)	тухтати	[tuhtatɪ]
dente-de-leão (m)	баппа	[bapp]
camomila (f)	кlайдарг	[k'ajdarg]
aloé (m)	алоэ	[alɔɛ]
cato (m)	кактус	[kaktus]
fícus (m)	фикус	[fɪkus]
lírio (m)	лили	[lɪlɪ]
gerânio (m)	герань	[geranj]
jacinto (m)	гиацинт	[gɪatsɪnt]
mimosa (f)	мимоза	[mɪmɔz]
narciso (m)	нарцисс	[nartsɪss]
capuchinha (f)	настурция	[nasturtsɪ]
orquídea (f)	орхидей	[ɔrhɪdej]
peónia (f)	цlен лерг	[ts'en lerg]
violeta (f)	тобалкх	[tɔbalq]
amor-perfeito (m)	анютийн бlаьргаш	['anʉtɪːn b'ærgaʃ]
não-me-esqueças (m)	незабудка	[nezabudk]
margarida (f)	маргаритка	[margarɪtk]
papoula (f)	петlамат	[pet'amat]
cânhamo (m)	кlомал	[k'ɔmal]
hortelã (f)	lаждарбуц	['aʒdarbuts]
lírio-do-vale (m)	чlерlардиган кlа	[tʃ'eɣardɪgan k'a]
campânula-branca (f)	лайн зезаг	[lajn zezag]
urtiga (f)	нитташ	[nɪttaʃ]
azeda (f)	муьстарг	[mʉstarg]
nenúfar (m)	кувшинка	[kuvʃɪnk]
feto (m), samambaia (f)	чураш	[tʃuraʃ]
líquen (m)	корсам	[kɔrsam]
estufa (f)	оранжерей	[ɔranʒerej]
relvado (m)	бешмайда	[beʃmajd]
canteiro (m) de flores	хас	[has]
planta (f)	орамат	[ɔramat]
erva (f)	буц	[buts]
folha (f) de erva	бецан хелиг	[betsan helɪg]

folha (f)	гIа	[ɣɑ]
pétala (f)	жаз	[ʒɑz]
talo (m)	гIодам	[ɣɔdam]
tubérculo (m)	орамстом	[ɔramstɔm]
broto, rebento (m)	зIийдиг	[zʼɪːdɪg]
espinho (m)	кIохцал	[kʼɔhtsal]
florescer (vi)	заза даккха	[zɑz dakq]
murchar (vi)	маргIалдола	[marɣaldɔl]
cheiro (m)	хьожа	[hɔʒ]
cortar (flores)	дIахадо	[dʼahadɔ]
colher (uma flor)	схьадаккха	[shadakq]

146. Cereais, grãos

grão (m)	буьртиг	[bʉrtɪg]
cereais (plantas)	буьртиган орамашташ	[bʉrtɪgan ɔramataʃ]
espiga (f)	кан	[kan]
trigo (m)	кIа	[kʼɑ]
centeio (m)	божан	[bɔʒan]
aveia (f)	сула	[sul]
milho-miúdo (m)	борц	[bɔrts]
cevada (f)	мукх	[muq]
milho (m)	хьаьжкIа	[hæʒkʼ]
arroz (m)	дуга	[dug]
trigo-sarraceno (m)	цIен дуга	[tsʼen dug]
ervilha (f)	кхоьш	[qøʃ]
feijão (m)	кхоь	[qø]
soja (f)	кхоь	[qø]
lentilha (f)	хьоьзийн кхоьш	[høzɪːn qøʃ]
fava (f)	кхоьш	[qøʃ]

PAÍSES. NACIONALIDADES

147. Europa Ocidental

Europa (f)	Европа	[evrɔp]
União (f) Europeia	Европин Союз	[evrɔpɪn sɔjuz]
Áustria (f)	Австри	[ɑvstrɪ]
Grã-Bretanha (f)	Великобритани	[welɪkɔbrɪtɑnɪ]
Inglaterra (f)	Ингалс	[ɪngɑls]
Bélgica (f)	Бельги	[beljgɪ]
Alemanha (f)	Германи	[germɑnɪ]
Países (m pl) Baixos	Нидерланды	[nɪderlɑndɪ]
Holanda (f)	Голланди	[gɔllɑndɪ]
Grécia (f)	Греци	[greʦɪ]
Dinamarca (f)	Дани	[dɑnɪ]
Irlanda (f)	Ирланди	[ɪrlɑndɪ]
Islândia (f)	Исланди	[ɪslɑndɪ]
Espanha (f)	Испани	[ɪspɑnɪ]
Itália (f)	Итали	[ɪtɑlɪ]
Chipre (m)	Кипр	[kɪpr]
Malta (f)	Мальта	[mɑljt]
Noruega (f)	Норвеги	[nɔrwegɪ]
Portugal (m)	Португали	[pɔrtugɑlɪ]
Finlândia (f)	Финлянди	[fɪnljɑndɪ]
França (f)	Франци	[frɑnʦɪ]
Suécia (f)	Швеци	[ʃweʦɪ]
Suíça (f)	Швейцари	[ʃwejʦɑrɪ]
Escócia (f)	Шотланди	[ʃɔtlɑndɪ]
Vaticano (m)	Ватикан	[vɑtɪkɑn]
Liechtenstein (m)	Лихтенштейн	[lɪhtenʃtejn]
Luxemburgo (m)	Люксембург	[lʉksemburg]
Mónaco (m)	Монако	[mɔnɑkɔ]

148. Europa Central e de Leste

Albânia (f)	Албани	[ɑlbɑnɪ]
Bulgária (f)	Болгари	[bɔlgɑrɪ]
Hungria (f)	Венгри	[wengrɪ]
Letónia (f)	Латви	[lɑtwɪ]
Lituânia (f)	Литва	[lɪtv]
Polónia (f)	Польша	[pɔljʃ]

Roménia (f)	Румыни	[rumɪnɪ]
Sérvia (f)	Серби	[serbɪ]
Eslováquia (f)	Словаки	[slɔvakɪ]

Croácia (f)	Хорвати	[horvatɪ]
República (f) Checa	Чехи	[ʧehɪ]
Estónia (f)	Эстони	[ɛstɔnɪ]

Bósnia e Herzegovina (f)	Босни е Герцоговина е	[bɔsnɪ e gertsɔgowɪne 2e]
Macedónia (f)	Македони	[makedɔnɪ]
Eslovénia (f)	Словени	[slɔwenɪ]
Montenegro (m)	Черногори	[ʧernɔgɔrɪ]

149. Países da ex-URSS

| Azerbaijão (m) | Азербайджан | [azerbajdʒan] |
| Arménia (f) | Армени | [armenɪ] |

Bielorrússia (f)	Беларусь	[belarusʲ]
Geórgia (f)	Грузи	[gruzɪ]
Cazaquistão (m)	Казахстан	[kazahstan]
Quirguistão (m)	Кыргызстан	[kɪrgɪzstan]
Moldávia (f)	Молдова	[mɔldɔv]

| Rússia (f) | Росси | [rɔssɪ] |
| Ucrânia (f) | Украина | [ukraɪn] |

Tajiquistão (m)	Таджикистан	[tadʒɪkɪstan]
Turquemenistão (m)	Туркменистан	[turkmenɪstan]
Uzbequistão (f)	Узбекистан	[uzbekɪstan]

150. Asia

Ásia (f)	Ази	[azɪ]
Vietname (m)	Вьетнам	[vjetnam]
Índia (f)	Инди	[ɪndɪ]
Israel (m)	Израиль	[ɪzraɪlʲ]

China (f)	Китай	[kɪtaj]
Líbano (m)	Ливан	[lɪvan]
Mongólia (f)	Монголи	[mɔngɔlɪ]

| Malásia (f) | Малази | [malazɪ] |
| Paquistão (m) | Пакистан | [pakɪstan] |

Arábia (f) Saudita	Саудовски Арави	[saudɔvskɪ arawɪ]
Tailândia (f)	Таиланд	[taɪland]
Taiwan (m)	Тайвань	[tajvanʲ]
Turquia (f)	Турци	[turtsɪ]
Japão (m)	Япони	[japɔnɪ]
Afeganistão (m)	Афганистан	[afganɪstan]
Bangladesh (m)	Бангладеш	[bangladeʃ]

Indonésia (f)	Индонези	[ɪndɔnezɪ]
Jordânia (f)	Иордани	[ɪɔrdanɪ]
Iraque (m)	Ирак	[ɪrak]
Irão (m)	Иран	[ɪran]
Camboja (f)	Камбоджа	[kambɔdʒ]
Kuwait (m)	Кувейт	[kuvejt]
Laos (m)	Лаос	[laɔs]
Myanmar (m), Birmânia (f)	Мьянма	[mjanm]
Nepal (m)	Непал	[nepal]
Emirados Árabes Unidos	Цхьаьнакхеттачу Iаьрбийн Эмираташ	[tshænaqettatʃu 'ærbɪːn ɛmɪrataʃ]
Síria (f)	Сири	[sɪrɪ]
Palestina (f)	Палестина	[palestɪn]
Coreia do Sul (f)	Къилбера Корея	[qʔɪlber kɔrej]
Coreia do Norte (f)	Къилбаседера Корея	[qʔɪlbaseder kɔrej]

151. América do Norte

Estados Unidos da América	Америкин Цхьаьнакхетта Штаташ	[amerɪkɪn tshænaqett ʃtataʃ]
Canadá (m)	Канада	[kanad]
México (m)	Мексика	[meksɪk]

152. América Central do Sul

Argentina (f)	Аргентина	[argentɪn]
Brasil (m)	Бразили	[brazɪlɪ]
Colômbia (f)	Колумби	[kɔlumbɪ]
Cuba (f)	Куба	[kub]
Chile (m)	Чили	[tʃɪlɪ]
Bolívia (f)	Боливи	[bɔlɪwɪ]
Venezuela (f)	Венесуэла	[wenesuɛl]
Paraguai (m)	Парагвай	[paragvaj]
Peru (m)	Перу	[peru]
Suriname (m)	Суринам	[surɪnam]
Uruguai (m)	Уругвай	[urugvaj]
Equador (m)	Эквадор	[ɛkvadɔr]
Bahamas (f pl)	Багамахойн гIайренаш	[bagamahojn ɣajrenaʃ]
Haiti (m)	Гаити	[gaɪtɪ]
República (f) Dominicana	Доминиканхойн республика	[dɔmɪnɪkanhojn respublɪk]
Panamá (m)	Панама	[panam]
Jamaica (f)	Ямайка	[jamajk]

153. Africa

Egito (m)	Мисар	[mɪsɑr]
Marrocos	Марокко	[mɑrɔkkɔ]
Tunísia (f)	Тунис	[tunɪs]
Gana (f)	Гана	[gɑn]
Zanzibar (m)	Занзибар	[zɑnzɪbɑr]
Quénia (f)	Кени	[kenɪ]
Líbia (f)	Ливи	[lɪwɪ]
Madagáscar (m)	Мадагаскар	[mɑdɑgɑskɑr]
Namíbia (f)	Намиби	[nɑmɪbɪ]
Senegal (m)	Сенегал	[senegɑl]
Tanzânia (f)	Танзани	[tɑnzɑnɪ]
África do Sul (f)	ЮАР	[juɑr]

154. Austrália. Oceania

Austrália (f)	Австрали	[ɑvstrɑlɪ]
Nova Zelândia (f)	Керла Зеланди	[kerl zelɑndɪ]
Tasmânia (f)	Тасмани	[tɑsmɑnɪ]
Polinésia Francesa (f)	Французийн Полинези	[frɑntsuzɪːn polɪnezɪ]

155. Cidades

Amesterdão	Амстердам	[ɑmsterdɑm]
Ancara	Анкара	[ɑnkɑr]
Atenas	Афинаш	[ɑfɪnɑʃ]
Bagdade	Багдад	[bɑgdɑd]
Banguecoque	Бангкок	[bɑnkɔk]
Barcelona	Барселона	[bɑrselɔn]
Beirute	Бейрут	[bejrut]
Berlim	Берлин	[berlɪn]
Bombaim	Бомбей	[bɔmbej]
Bona	Бонн	[bɔn]
Bordéus	Бордо	[bɔrdɔ]
Bratislava	Братислава	[brɑtɪslɑv]
Bruxelas	Брюссель	[brusselj]
Bucareste	Бухарест	[buhɑrest]
Budapeste	Будапешт	[budɑpeʃt]
Cairo	Каир	[kɑɪr]
Calcutá	Калькутта	[kɑljkutt]
Chicago	Чикаго	[tʃɪkɑgɔ]
Cidade do México	Мехико	[mehɪkɔ]
Copenhaga	Копенгаген	[kɔpengɑgen]
Dar es Salaam	Дар-эс-Салам	[dɑr ɛs sɑlɑm]

Deli	Дели	[delɪ]
Dubai	Дубай	[dubɑj]
Dublin, Dublim	Дублин	[dublɪn]
Düsseldorf	Дюссельдорф	[dʉsseljdɔrf]
Estocolmo	Стокгольм	[stɔkgɔljm]
Florença	Флоренци	[flɔrentsɪ]
Frankfurt	Франкфурт	[frɑnkfurt]
Genebra	Женева	[ʒenev]
Haia	Гаага	[gɑ'ɑg]
Hamburgo	Гамбург	[gɑmburg]
Hanói	Ханой	[hɑnɔj]
Havana	Гавана	[gɑvɑn]
Helsínquia	Хельсинки	[heljsɪnkɪ]
Hiroshima	Хиросима	[hɪrɔsɪm]
Hong Kong	Гонконг	[gɔnkɔng]
Istambul	Стамбул	[stɑmbul]
Jerusalém	Иерусалим	[ɪerusɑlɪm]
Kiev	Киев	[kɪev]
Kuala Lumpur	Куала-Лумпур	[kuɑl lumpur]
Lisboa	Лиссабон	[lɪssɑbɔn]
Londres	Лондон	[lɔndɔn]
Los Angeles	Лос-Анджелес	[lɔs ɑnʤeles]
Lion	Лион	[lɪɔn]
Madrid	Мадрид	[mɑdrɪd]
Marselha	Марсель	[mɑrselj]
Miami	Майями	[mɑjɑmɪ]
Montreal	Монреаль	[mɔnreɑlj]
Moscovo	Москва	[mɔskv]
Munique	Мюнхен	[mʉnhen]
Nairóbi	Найроби	[nɑjrɔbɪ]
Nápoles	Неаполь	[neɑpɔlj]
Nice	Ницца	[nɪts]
Nova York	Нью-Йорк	[njʉ jork]
Oslo	Осло	[ɔslɔ]
Ottawa	Оттава	[ɔttɑv]
Paris	Париж	[pɑrɪʒ]
Pequim	Пекин	[pekɪn]
Praga	Прага	[prɑg]
Rio de Janeiro	Рио-де-Жанейро	[rɪɔ de ʒɑnejrɔ]
Roma	Рим	[rɪm]
São Petersburgo	Санкт-Петербург	[sɑnkt peterburg]
Seul	Сеул	[seul]
Singapura	Сингапур	[sɪngɑpur]
Sydney	Сидней	[sɪdnej]
Taipé	Тайпей	[tɑjpej]
Tóquio	Токио	[tɔkɪɔ]
Toronto	Торонто	[tɔrɔntɔ]
Varsóvia	Варшава	[vɑrʃɑv]

Veneza	**Венеция**	[wenetsɪ]
Viena	**Вена**	[wen]
Washington	**Вашингтон**	[vɑʃɪngtɔn]
Xangai	**Шанхай**	[ʃɑnhaj]

www.ingramcontent.com/pod-product-compliance
Lightning Source LLC
Chambersburg PA
CBHW070604050426
42450CB00011B/2985